今日もどうやら一日
無事だった。
さあ、飯でもつくろうか

←サーハビーの騎乗も
だいぶ
上手になった

↑「サーハビー」はアラビア語で
「わが友よ」の
意味だ

↓疲れたかい、
サーハビー。
元気を出そう

あと4000キロ、
どうしても踏破したい。
ぜったい

ヤマケイ文庫

サハラに死す

上温湯隆の一生

Kamionyu Takashi
上温湯隆 著

Nagao Saburou
長尾三郎 構成

Yamakei Library

サハラに死す　上温湯隆の一生　目次

サハラが俺を呼んでいる

サハラ横断への挑戦

アフリカ
0 500 1000km
計画実行ルート
計画ルート
地中海
ベンガジ
リビア
リビア砂漠
カイロ
ナイル川
エジプト
紅海
ヌビア砂漠
ズアル
エミクッシ山
ポート・スーダン
ファダ
エルアトルンオアシス
チャド
ハルツーム
フォールラミー
白ナイル川
ナイル川
スーダン
ソマリア
アジスアベバ
エチオピア
アビシニア高原
中央アフリカ
バンギ
ウガンダ
インド洋
ルドルフ湖
アルバート湖
モガジシオ
カンパラ
ケニア
コンゴ川
ルワンダ
ケニア山
キガリ
ナイロビ
ウスンブラ
ビクトリア湖
ザイール
ブルンジ
キンシャサ
タンガニーカ湖
ダルエスサラーム
タンザニア

N
チュニス
アルジェ
チュニジア
ラバト
アトラス山脈
トリポリ
モロッコ
アルジェリア
イギジ砂漠
スペイン領サハラ
サ
ハ
ラ
砂
漠
アハガール台地
ビラシスネロス
トンブクツー
ビルマ
マリ
モーリタニア
メナカ
ヌアクショット
ガオ
アルリット
アガデェス
ダカール
ニジェール
ガンビア
セネガル
ニアメー
バサースト
バマコ
オートボルタ
チャド湖
ワガドーグー
ニジェール川
ビサウ
ポルトノボ
ナイジェリア
ギニア・ビサウ
ギニア
ガーナ
トーゴ
コナクリ
ダオメー（現・ベナン）
コートジボアール
フリータウン
シエラレオネ
ラゴス
ロメ
ヤウンデ
モンロビア
大
アビジャン
アクラ
サンタイサベル
リベリア
赤道ギニア
ギニア湾
リーブルビル
ガボン
ブラザビル
西
コンゴ
洋
カビンダ
（現・アンゴラ）

サハラが俺を呼んでいる

サハラ砂漠が呼ぶ

上温湯《かみおんゆ》隆《たかし》。一九五二年十一月二十九日生まれ。現在二十歳。都立町田工業高校、一年生（一九六八年）のときに中退。

一九七〇年一月三十一日より一九七二年四月二十五日まで、海外ヒッチハイク旅行をおこない、アジア、中近東、ヨーロッパ、アフリカなど五十余カ国を歩く。サハラ砂漠は三回にわたり、縦断旅行を敢行。現在、浪人。

——これが僕の簡単な履歴書である。

砂漠の旅はいつも死と隣り合わせにある。過去三回のサハラ砂漠の縦断旅行でそれは身にしみてわかっている。しかし今、アフリカの砂漠の何かが僕の魂を激しく揺り動かしていた。サハラ砂漠が僕を呼んでいる。生と死の極限状況のなかで、自分の青春を賭けてみたい、この世に生まれた自分の存在の証しを凝視《みつ》めて、その真実を探しあてたい、その思いが僕を駆りたてる。むろん、僕なりの野心もあった。

今まで、サハラ砂漠をラクダに乗って横断した者は世界中で誰もいない。アフリカ西岸のヌアクショットから、紅海のポート・スーダンまで、砂漠の旅七〇〇〇キロあまり、単身ラクダに乗って横断した者はまだ誰もいない。二年前に、あるイギリス人がモーリタニアからラクダ五頭とアラブ人のガイドを連れ挑戦したが、サハラの酷薄な自然は彼の挑戦を拒絶し、死の一歩手前で彼は辛うじて命が助かった。人間の挑戦を許さないサハラ砂漠。人跡未踏のその砂の大地が誇り高い厳しさをみせて、僕の魂を激しく揺り動かす。エベレストは征服を許しても、この世界一広大なアフリカの砂漠は、人間を拒絶してやまない。

その崇高なまでの孤独と絶対的な自然の威力と神秘のただなかで、サハラ砂漠は、僕を招きよせる。

美しい風紋の陰にひそむ無気味な深淵。その底をのぞいてみたい。その自然の偉大な砂の懐にふれてみたい。その思いは、僕の生きがいにまで高揚していた。僕は二人目の挑戦者になる決意をした。

そのためには周到な準備が必要だった。僕は自分の心を何度も確かめ、サハラ砂漠の魅力にとり憑かれた男の狂信的な冒険心からではなく、その挑戦に僕の青春の意義を見出したとき、自分のすべてを賭ける決心をした。

まず、僕は誰に見せるためでもなく自分のために「サハラ砂漠横断企画書——ラクダと共に七〇〇〇キロ」という計画書を綿密に作ることから、僕の旅を始めた。

以下はその大要である。

〈目的〉

・サハラ砂漠の七〇〇〇キロあまり〈ヌアクショット〜ポート・スーダン〉をラクダに乗り、単独で横断する。

・遊牧民と住民の生活を調査し、いかに彼らが砂漠の自然に適応して生きているかを記録する。

・遊牧民の生活様式を旅行に取り入れ、彼らと共に生活を営み、かつ自分の精神と肉体がどの程度、砂漠の極限に耐えられるかを体験し記録する。

〈期間〉

・一九七三年十一月十七日（土曜日）に出発する。航空会社へ無料で乗せてもらうべく交渉するが、見つからないときはシベリア経由で行く。

・日本より旅の出発点ヌアクショットまでは一カ月。日本でアルジェのビザをとり、アルジェで五カ国のビザをとり、各国の詳細な地図を購入する。
・ラクダによる旅行期間は五カ月と十四日間。
・中近東より帰国までの期間は七カ月半。
——予定通りに出国するならば、一九七四年六月三十日までに帰国可能。これが僕のおおよその旅行スケジュールだ。

横断旅行で通過する国は五カ国〈モーリタニア、マリ、ニジェール、チャド、スーダン〉である。そのうちチャドを除き、他の四カ国は過去三回の旅で訪れた経験があり、ある程度は各地の地形や人種などに接して、サハラを理解しているつもりだが、ラクダの旅は初めての挑戦、これまでの汽車やトラックなどを利用しての旅とは全然意味あいが違う。それだけにより慎重にならざるをえない。

問題はラクダである。

僕はラクダについて徹底的に調べた。

アラビアで常用しているのはヒトコブラクダ。

橘瑞超という人の記録によると「二週間近く水を一滴も飲まず、何一つ食わずに、相当の荷を背負って歩く力がある」という。植物や水の少ない砂漠ではラクダは最適の交通機関であるだけでなく、命の友なのだ。

水分消耗率が他の哺乳類に比べて三分の一と少なく、三十四日間飲まずに過ごしたという記録さえある。また目や鼻孔を自由に開閉でき、目には長いまつ毛があり、耳にも毛が密生し砂嵐にも耐えられる。同じ側の前後の足をほとんど同時にふみ出す歩き方（側対歩）のため、乗っていると体が大きく揺れるが、膝、胸の角質のタコは荒地ですわって休息するのに適しており、その形態はあらゆる点で荒涼とした砂漠の生活にきわめてよく適応しているのである。

そして、その前進速度だが、全速力では時速二〇キロ以上のスピードで走ることができる。しかし、これでは長距離の旅は続かない。普通アラビアでは、リヤドからクウェートまで七〇〇キロを十日間で旅する。これを逆算すると、一日十時間走れば七〇キロ前進することが可能だ。

T・ローレンス（アラビアのローレンス）が、シナイ半島をアカバからスエズ運河まで横断したときは、ラクダをかばってゆっくり歩けば飢えのため人間が参る、急げばラクダが砂漠でへたばってしまう、そこでローレンスは普通の速さで歩き通すことにし、平均時速六・六キロで目的地に着いた。このような場合、忍耐力の試験はラクダにとってより人間にとってのほうがつらいようだ。

こうしたラクダの特性などを研究した結果、サハラ砂漠横断に必要な日数は、ヌアクショットからポート・スーダンまでの最短距離が七〇〇〇キロ、ラクダの平均速度を七キロとして一日平均七〇キロ前進する予定をたて、歩行するだけで一〇〇日、途中、トンブクツー、ガオ、アガデェス、ファダなどで平均五日滞在、さらに小さな町で十カ所、平均二日滞在するとして、およそ一六四日、五カ月十四日間で僕はサハラを踏破するスケジュールを組んだ。

もちろん、これは過去三回の砂漠の旅からわりだしたものとはいえ、あくまでも机上の計算。現地ではどんなハプニングや事故が起こるか、予測もつかない。

現に今わかっているだけでも、道のないところが七カ所もある。モーリタニア、二カ所、モーリタニアとマリの間、一カ所、マリとニジェールの間、一カ所、ニジエール、二カ所、チャドからスーダンのナイル川まで、一カ所。こうした道もない砂漠で迷い込み、水も食物も失ったら、それこそ砂漠に骨をさらすだけである。

〈**装備**〉も万全を期さなければならない。しかし、出発のときはラクダが一頭のため、多くの荷物を持つことができない。最小限の必要なものだけ。記録用品以外の文明品は少なくし、遊牧民と同じような装備と服装をする。砂漠の略奪者たちの気を引くようなカメラや時計を見せず、また住民に親切なことをすれば金がもらえるというイメージを与えてはならない。

そこで、出発時に必要な装備を列挙すると――ラクダ一頭（場所によって複数）、水筒二個（一・八リットル入り、一個は腰に吊す）、ポリタンク一個（五リットル）、ゲルバ一個（二〇リットル、現地の水入れ）、ナイフ一刀（現地人と同じ物）、地図七枚（アフリカ各国別五枚、ミシュランのアフリカ全図二枚）、時計一個、コンパス二個（スペアーも含む）、カメラ一台、フィルム多数（カラー、白黒）、メガネ一個、サングラス一個、毛布一枚、ビニール一枚、アラビア服一組（上下にターバン）、若干の服（使い捨て）、サンダル一足（現地製の皮）、ザイル一本（二〇メートル）、バケツ一個（ビニール製）、鍋一個、コップ一個、皿一枚（金物）、レザーバッグ一個（貴重品入れ）、日記帳一冊、ノート数冊（フィールドノート）、本八冊（新書判、星座表など）、辞書五冊、筆記用具（鉛筆、ペン、ボールペン）、洗面具（タオル、ハミガキ、石鹸）、食料入れの多数の袋、ラクダ用の食料入れ、小物入れ（クシ、糸、ハリなど。コンパス、定規、分度器、ハーモニカ）、映画用の八ミリカメラも必要だ。それに、愛用のギター。

また、病気対策の薬品も準備した。

毒（サソリ、ヘビ）にやられたときの用意に解毒剤、マラリアにはニバキン、日射病にはノーシン、壊血病にはハイシーA……という具合。しかし、病気に対しては薬品を使用しなくても耐えられる体力をつくり、もし発生したならば自然な方法で治すのが一番望ましい。過去の経験が役立つだろう。

そして、もう一つの問題は食料だ。ローレンスは文明化された習慣をことごとく絶ち切った。一度に多くの量を食べ、その後は四日間も食物なしですませた。それから過度に食べるという生活に身を慣らせるようになった。


〈食料〉


僕の場合だが、町や村などで予定旅行期日分（道のない所は普通三〜六日、チャドからスーダンのナイル川までは例外）の一・五倍のパンを買い、乾燥を極力防ぐため布に包むようにする。

肉、魚は一度焼いた物なら何日でも保存できるので副食用。米、マカロニは水が多量にある出発後間もなく使用する。ナツメヤシは糖分源で砂漠の旅では貴重な食料。緑茶と砂糖のうち、砂糖はエネルギー源、茶は住民との友好に役立つ。缶詰、ビスケットはあくまでも非常食で計算には入れず、さらに町に滞在中は町で十分に食べておき、後は節食するように心がける。特に町では野菜と果物を多くとらなければならない。それでないと壊血病になる。

こう万全の準備を心がけても、サハラ砂漠の自然は、僕をたやすくは受け入れてくれないだろう。昼はカラカラになるほど熱砂に苦しめられ、夜は逆にブルブル震えるほど寒い。砂嵐が襲いかかり、サソリや毒ヘビも隙をうかがって忍びよる。非情な自然だけではなく砂漠の略奪者（強盗）に殺されるかもしれない。

また通過予定のチャド北部は、イスラム教徒であるアラブ人たちの組織するチャド民族解放戦線（Frolinat）による独立戦争（内戦）が一九六五年頃より勃発し、一九七〇年には〝ミニ・ベトナム〟といわれるほどの規模になった。現在では政府の鎮圧政策が功を奏しているというが、十分に注意をしなければならない地域だ。しかし、死を怖れては何もできない。僕のサハラ砂漠への愛と情熱は死を怖れない。綿密な準備をしたら、あとはサハラへ挑戦するだけだ。僕は出発する、サハラ砂漠へ、自分の人生へ――。

希望

希望にとっては、無限とも思われる苦悩に耐え、死や夜よりも暗い過ちをゆるし、絶対とも思われる権力に抵抗し、その志をかえず、よろめかず、悔いることなきものはよき人であり、偉大な人であり、喜ばしき人であり、美しき人であり、自由な人である。

これのみが得る、人生を、幸福を、自由の領域を、そして勝利を〈シェリー〉

アフリカ第一歩

●一九七三年十二月三日

アルジェ。地の果てアルジェに、僕は二年半ぶりに帰ってきた。船が港に着き、上陸するまで一時間。出口はより早く出ようとするアラブ人たちで混みあっている。この喧噪《けんそう》と独得の地の匂い、これがアフリカだ。僕は入国手続をすませ、その雑踏のなかへ、再び足を踏み入れ、その仲間の一人となった。

さっそく安い現地人用のレストランを求め、裏町へと足は進み、人が五人も座ったら満員になるような店を見つけた。豆と羊肉入りのスープと野菜とポテトのサラダを注文。お腹を満たしたあと、安ホテルを探す。

ロンドンのアルジェリア大使館で、イギリス女性がアルジェリアにいる友だちの住所を教えてくれたが、アルジェでなくオランの近くの町だった。しかたがないので、安ホテルを探し、今夜はボロベッドにわが身を沈めた。さまざまな思いが去来する。とうとう目的の地、アフリカへきたのだ。七時頃から雨が降りだした。考えることが山ほどあった。

――僕は計画通り、十一月十七日、日本時間二時三十五分発のアエロフロート機で、羽田空港を発ち、最初ロンドンに向かった。ノボシビルスク、モスクワを経て、ロンドンに着き、知人と久しぶりに巡り会った。

日本に比べて、ロンドンの冬は十日ほど早い。日曜日の朝と天候の悪さが重なり、ロンドン市内は人影もまばらで、その町並みは暗さと疲れた都市のイメージで老大国、伝統にすがる経済危機国のイメージ、ピッタリ。

ロンドンでスーダン大使館へ行ったところ、僕の話し方をもう少し工夫すればよかったのだが、エジプトのダブル・ビザをとってこいといわれてしまった。次に行ったアルジェリア大使館ではすんなりいく。

ロンドンからパリへ向かったのは二十二日の午後六時半。ドーバー行きのバスに乗り、そこからカーフェリーの発着所まで歩き、二十三日午前三時半発のフェリーに乗った。大陸時間の五時半にカレーに着き、パリまでヒッチハイクをしようと試みたが、なかなか車がつかまらない。寒さで手が冷え切ってしまった。こんなヨーロッパはご免だ。ここには僕の求めるイメージはない。結局、汽車で行く破目になり、ロンドンからパリまで、なんだかんだとかかってしまった。

これからはもっと節約する以外に手段はない。目的地に着くまでに、資金が枯れてしまうことを何よりも怖れる。旅行中に起こりうる危険性よりも、資金が不足し、計画の一部をあきらめるようなことになったら、そちらのほうが僕には恐ろしい。それに資金の額は、僕の生命の安全性を左右するのだ。ここで二、三カ国のビザをとったら、早々にパリから逃げ出そう。ここにいたら、金がいくらあっても足りやしない。

結局、僕はパリで、サハラ砂漠横断予定の五カ国のうち、スーダンを除く四カ国のビザをとった。スーダンは無事にたどり着けるという保証がまだないのでビザはここではとらない。

僕がマルセイユ港からヨーロッパを離れ、目的のアフリカへ向かったのは十二月二日の十二時半。そして、三日の午後三時にアルジェに着いた。

●十二月六日

四日から三日間、酒を飲んだりしていたので、夜は日記を書く気にもならず寝てしまった。こんなことではダメだ。バカメー。ハイ、反省！

四日のことから書く。アルジェのホテルを十時頃出て、ビリダまでヒッチ。五台の車に乗る。ビリダからモスタガネムまでの四〇〇キロを今度は建築関係の人に乗せてもらう。ビリダの近くは雪。二〇センチほど積もっていた。途中で、モロッコの国境近くまで行くという松葉杖を持った男も同乗した。

モスタガネムから、二台の車を乗り継ぎ、日本人が住んでいるというアルズー（Arzew）という町に七時頃着く。

そこには最盛期には一〇〇〇人もの日本人がいたというが、現在は四十人ほどが別々に住んでいる。アルジェリア政府と共同で、アフリカで初めてという石油精製所を建設したそうである。

日本人の家に二泊することになり、歓待された。僕を入れ、八人の日本人でスキヤキを楽しむ。豆腐とシラタキは日本直送の物。ネギ、キャベツ、牛肉、得体の知れぬ野菜などだが、十分にスキヤキの味を満喫できた。ビールを飲みながら、僕は他の人の二倍も腹に詰め込んだ。アフリカでスキヤキなんて、日本人はどこへ行っても日本人なんだなあ。

五日。日本人の手でつくられた工場を見に行ったら、門番に工場の写真を撮ったと疑われ、港の入国管理事務所兼検問所へ身柄を拘留された。絶対に写していないと頑強に拒否したためだ。ようやく夕方五時に解放された。六時からまた日本人宅で夕食。今夜は焼肉とカレー。胃袋は満足した。

六日朝。ヒッチハイク。ロンドンのアルジェリア大使館で会ったオリビアの紹介してくれたジミーを訪ねた。よく話し、よく笑い、人から好かれるタイプの女性だ。

フランス人二人と四人で、一五キロ離れた山へドライブする。二日前に雪が降ったという、その残雪で雪合戦（アフリカで雪合戦だぞ）。さらに山頂から眺めた沈む夕陽が感動的だった。

こうしていながらも、サハラへの夢がつのる。砂漠で見る夕陽はどんなに素晴しいものだろう。ただ現在の悩みは、モーリタニアでラクダの値段がいくらするかだ。一頭五万円ほどで買えるのなら、すぐに出発できるのだが……。ヌアクショットまでは絶対に換金しない。金は大事。

――なんとかして早く、ヌアクショットへ行きたい、と僕は少し焦っていた。途中で過ごす日数が多くなればなるほど、予定は大幅に狂っていく。翌八日から僕はヒッチを始め、サイダまでトラックで行き、そこからまた南下する。モロッコの国境沿いには、やたらと鉄条網のバリケードが多い。モーリタニアの国境まではあと八〇〇キロある。

野宿するときの夜は寒い。一枚の毛布ではとても眠れない。十日の夜、僕は車も拾えず無人の地に一人でいた。しようがないので、六時半に寝たが、夜中に鋭い痛みを耳に感じて飛び起きた。

（サソリだ。耳を刺された！）

一瞬、恐怖が体中を貫いた。サソリに刺された耳たぶをさわると、血がべっとりとついている。体力があれば命に別状はないはずだが、すぐに七錠もの薬を飲んだ。

何といっても、一人で誰もいない所にいるのだから、不安がかすめる。

車が通り、風が当たらない場所として、石の陰を選んだのだが、そこがもっともサソリの住みやすい所であるということを忘れていた。うかつだ。細心の注意を払わないと危い。

幸い、サソリの毒はたいしたことなく、十日の夜、僕はようやく九時半にティンダフ（Tindouf）までたどり着いた。夜はレストランのテーブルの上で寝かせてもらった。

しかし、翌日からまた車が通らない。警察では十三日の夕方三時か四時頃、トラックがモーリタニアへ行くといっていたが、本当だろうか。本当であってほしい。

町の南側に囲いがあり、ラクダが十五頭ほど入っていた。ある人は六〇〇ディナール（D・一ドル＝三・八七五ディナール、四万一〇〇〇円）といい、別の男は二五〇〇ともいう。差が大きすぎる。ラクダの値段はこの計画に大きく影響する。不安だらけだ。

ティンダフに四泊したが、その間に一台としてモーリタニアへ行くトラックはなく、予定の日数は大きく崩れた。今日で、日本を出て一カ月。スケジュールではヌアクショットに着いていなくてはならないのに、あと十日はかかるかもしれない。

とりあえず目指す目的地はマハベス（Mahbes）。夜まで十二時間歩き、翌日も十二時間歩けば、一〇六キロは二日で歩けると予定をたてた。一時間歩いて十分休み、二時間歩いて十五分の休み、そして再び二時間歩く。夜になり、荒地で野宿をした。

十五日、朝七時に再び歩き始めた。一時間ほど歩くと道に出た。トラックのタイヤの跡がある。しかし、ランドローバー（大型のジープ）がきたが、僕の存在も知らずに東へ走り去った。

車がどうしてもつかまらない。このままいれば、水はなくなるだけ。水がなくなったらどうなるか。結果は明らかだ。

（最後の手段だ。道は険しくても歩行距離を短くしよう）

僕はコンパスを頼りに東へ進み、二四〇度の方向に歩き始めた。タイヤの跡の上なら、地面がならされているのでまだ歩きやすかったが、真っ直ぐに歩き出してからは、やたらに石ころが多く、足の裏が痛み出す。

一泊目は自分の場所がまったく不明。一人で暗闇にポツンといる。体が震えるような孤独と恐怖で、まんじりともできなかった。二日から遅くとも四日以内に着かないと、水がなくなってしまう。コンパス方向に進んでも道にはめぐりあえず、また、町にたどり着くこともできないのではないか。サハラ砂漠を横断する計画以前に、僕はこの荒野で一人埋没してしまうのではないか、そう思うと泣きたいほどだった。

泣いても助かるわけではない。僕は痛みをこらえて、また小石の上を歩き出した。昨夜寝ていないので体がフラフラする。

遂に歩くことが困難となり、十二時半にひと休みしたとき、僕は我しらず深い眠りに落ちた。どれだけ眠っただろうか。目が覚めると、まだ太陽がギラギラしていた。

再び歩き出す。前日は時速四・五キロ。今日は三キロと、スピードは日ましに落ちている。こらえきれず、五時半頃、木陰を見つけてまた休んだ。両瞼が自然に重なっていく。夢のなかでエンジンの音が微かに聞こえる。ハッとして目が覚めた。東に小さな点と砂煙が見え、その点が次第に大きくなる。

(助かった、ランドローバーだ)

僕は立ちあがり、両手をふりかざしていた。

●十二月二十一日　マハベスの国境警備隊事務所

ここにきて、もう六日が終わろうとしている。また行き止まりだ。前へ進めない。でも、あのとき、ランドローバーに助けられなかったら、どうなっていたろう。僕の歩く方向は狂っていた。あそこで軌道修正しなかったら、今頃はハゲタカの餌食になっていたろう。思い出すだけでも慄然とする。軌道修正したお陰で、そのあとまたトラックを拾えた。そして、このマハベスの町に着いた。水は〇・五リットルも残っていなかった。国境警備隊事務所兼宿舎で、僕は恐怖と疲労から解放され、死んだように眠りこけた。

――この年のクリスマス・イブを、僕はマハベスの国境警備隊員たちと迎えた。パーティーのメンバーは、三日前からきている太ったチーフとここの主任、それに八人の警官。そして九日間も居候している日本人の僕。あとはシェパードが二匹。セルベッサを飲みながら油で揚げたエビに舌鼓をうち、ワインを飲みながら天火で焼いた肉のかたまりにむしゃぶりつき、コーヒーを飲み、アイスクリームを食べ、シャンペンを飲み、パーティーは最高だった。僕もギターとタンバリンで歌を歌ったが、続けて次の歌が出ない。もっとパーティー用のレパートリーを多くしなくちや。

それにしても、恐怖と孤独にうち震えながら一人だけの野宿から命が救われたかと思うと、見知らぬ国境警備隊のお巡りさんたちと飲めや歌えの大騒ぎ。これが旅なんだ。僕はそう思った。

僕がお世話になったスペイン人ポリス、現地人ポリスなどと握手をして、マハベスの町を後にしたのは翌二十五日の午前十一時。

僕がラクダでサハラ砂漠を横断するために行くというと、彼らがびっくりした顔でいっせいにひき止めた。

「気でも違ったのか、ジャポネ。サハラの偉大な自然はちっぽけな人間なんか、一粒の砂にしてしまうだろう。やめなさい」

僕は、だから言った。

「神秘的で偉大なサハラだからこそ、僕は機械文明をふりすて、ラクダと自然の旅をしてその砂の懐にふれてみたいのだ」

僕がこういうと、連中はあきれたような顔をしていたが、最後には「命は一つだよ」と励ましともつかぬ言葉で送ってくれた。

マハベスから一五〇キロ先のエチェデリアに着いたのは夕方の五時すぎ。マハベスのお巡りさんが、一緒にきた人に何か話しておいてくれたのか、僕が何もいわないのに、この町の警察の宿舎に泊まれることになった。ベッドは深々として快適だった。

翌二十六日朝、また旅を続け、サマナの町でパスポートにスタンプを押してもらっているとき、アイウン（Aaiun）へ行くというスペイン人教師が便乗を気軽に許してくれた。このところラッキーだ。夜八時にアイウンへ着く。そのスペイン人教師は奥さんと赤ちゃん連れ。向こうがフランス語を話せないので、僕はラクダのことばかり考えていた。

●十二月二十七日　アイウン

朝十時までぐっすり寝た。銀行へ行って初めて換金したのち、モーリタニアへの通行許可証を取り、ペンションに戻り、二泊分の宿代（一五〇ｐｔｓ＝約六四九円）を払った。そこで同じ部屋にきたアメリカ人ルーフと昼食をとりに行く。ビール二本を含めて一四八ｐｔｓ。痛い出費だ。めしはタダで食うようにしなきゃダメだ。昨夜ここまで乗せてくれたスペイン人へ三〇〇ｐｔｓを渡す。道でラスパルマスから船できた日本人に二回出合った。

——今年も間もなく暮れる。あと数日で新年がくる。なのに、僕はまだ目的地にも着かずこんな所でウロウロしている。アイウンからヒッチで少し前進。大晦日は野宿するつもりでいた。

荒野でトゲのある三メートルほどの枝を三本集め、火を燃やした。ヤケのヤンぱちで歌を歌っていたら、東のほうから音がする。耳を澄ましたら何も聞こえない。幻聴だったのか。

七三年十二月三十一日の太陽が地平線に赤々と沈み、雲をオレンジ色に染めた。この地に僕以外は誰もいない。一人で沈んでいく雄大な太陽を見ている。なんだか泣きたくなった。海外で迎える大晦日はもう何回目かなあ。不意に日本のことを思った。お母さんは今頃お正月の料理でもつくっているだろうか。心配しているだろうな。まさか、こんな荒野で一人野宿しているなんて想像もできまい。太陽が沈み、前にもまして深い静寂の夜がきた。感傷的になってるな、と反省した。僕が今いる荒野は感傷の入り込む余地はない。少しでも眠ろう。

何かを打つ音が再び聞こえてきた。そして微かにランドローバーのエンジンの音が響いて、止まった。僕は飛び出した。方向は違うので乗るのはダメだが、近くにテントがあるという。感謝し、コンパスで一二〇度の方向へ進んでいるのを確認、一・五キロもいくと、テントの三角形が見えた。暗闇のなかで小さな炎が光っている。希望がたちまち湧いてきた。

誰もいない荒野で、一枚の毛布で、夜を迎えるはずだったのかと思うとゾッとしてくる。暗闇の光を見ると、たちまち勇気百倍。現金なものだ。

三つ並んでいるテントに入っていくと、中から出てきた老人が二つ隣りのテントへ連れていってくれた。そこには六人ほどの男がラジオを聴きながら、食事をしていた。お茶をご馳走になり、メリケン粉でつくられた細い物をゆでた夕食をふるまわれた。朝から砂糖以外食べていなかったので、人の二倍も食べた。夜はそのテントに泊めてもらう。ここには一〇〇個ほどの遊牧民のテントがあちこちに点在し、家畜はモーリタニアのほうへ旅に出ているという。

ヌアクショットへ急げ

新年。また旅を急がなければ。二日にテントを歩いて出発。夜の八時頃、グベルタ（Gvelta）へ行くランドローバーがきたので乗せてもらう。無料交渉成立。荷台にドイツ人とレオネールというフランス人のヒッチハイカーが乗っていた。レオネールとはすぐ友だちになった。旅の友は旅の心を知る。彼はいった。

「サハラをラクダで横断する？　それは素晴しい壮挙だ。トレビアン。友よ、ラクダはどうするのかね？」

「ヌアクショットで手に入れるつもりだ。しかし、いろんな情報があって一頭いくらするのか、見当もつかない。君、何か聞いてないか」

僕の頭にあるのはラクダのことだけだ。

アルジェリアでは、ラクダの値段を何とか知ることと、予算内の五、六万円で一頭買えることを祈っていた。ティンダフでは四万一〇〇〇円と聞いていたので安心していたところ、スペイン領サハラでは一〇〇ミルptsと聞きあわてた。五十万円じゃ手が出ない。

「もしも、五十万円もするなら、僕はこのプロジェクトをあきらめなければならない」

僕は少し悲痛な声でいった。

「希望をそう簡単に捨ててはいけないよ。僕はこの先のゾベラテ（Zoverate）あたりでは四、五万で買えると聞いてるぜ」

「本当か」

僕はまた元気を出した。

そんな話をしているうち十時頃、グベルタに着いた。寝場所を求め、現地人テントを回るがどこも断られた。ポリスがカフェの主人に店を開けさせたが、床の上に寝ても五〇ptsという。ガメツイ奴め。しかたがないのでレオネールと二人で店の前に寝た。

「寒くてかなわないよ」と僕。

「忍耐はすべての扉を開くってラ・フォンテーヌもいってるぜ」とレオネール。

陽気でいい男だ。

●一九七四年一月三日

あとモーリタニアまで九〇キロ。そこへ行くランドローバーがあるので乗ろうとしたら「三〇〇ｐｔｓ」だという。高すぎる。レオネールは歩くと主張。僕も同意した。余分な出費は一ｐｔｓでも押える必要がある。

――レオネールと歩くのは楽しい。一人旅より心細くないし、話しながら旅をすればテンポも早い。これまでの旅行でめぐってきた各国での体験を語り合ったりして、旅を急いだ。

グベルタを出発。一五キロほど歩くと、レオネールより重い荷物と寝不足のため、彼の速度に追いつけない。

「僕は少し休むから、先に行ってくれ」

「そうかい、じゃ次の町で会おう」

ドライに聞こえるかもしれないが、旅では相手に迷惑をかけないことが第一条件。お互い、そのほうが気が楽だ。

僕は道の脇で三十分ほど休み、再び歩き始めた。五キロほど歩くと、運よく国境まで行くランドローバーがきたので、無料であることを確かめ、二〇キロほど乗せてもらった。途中でレオネールを拾った。

国境を越すとアスファルトの道が終わった。真っ平らな砂地で、時おり砂塵が舞う。そこを一五キロほど二人で歩き、野宿。

四日の朝、再び歩く。一〇キロほど行ったとき、どうしてもレオネールのほうが歩くスピードが早いので、先に行ってもらう。寝不足を解消するため、砂の上に一時間ほど横になって寝た。エンジンの音に目覚めると、グベルタへ戻るスペイン人の車がきて、ヒッチハイカーだと知ると、パンとハムと缶詰と缶ジュースをくれた。有難い。外人はこういう点、親切だ。日本人はうさんくさげに冷笑するだけ。いわんや、ヒッチハイカーを夜泊めてくれる日本人家庭なんて皆無だろう。了見が狭い、狭い。

タバコを吸って、一時間十分歩き、五分休み、三十分歩く。するとまた、昨日乗せてもらったランドローバーがきたので、止めて乗せてもらった。レオネールは二時間ほど後に町に着いた。

黒人が案内してくれた一部屋にゴザを敷き、十四人ほどの人間が雑魚寝。しかし、これで二日間の寝不足は何とか解消でき、五日の日は、四、五日ぶりで歯を磨き、顔を洗った。

●一月七日　ゾベラテ

昨夜八時半から、町の屋根なし映画館でレオネールと二本立ての映画を見た（一五〇CFA＝二二〇円）。一本目はフランスの喜劇映画。レオネールが手を叩いて喜ぶ。中国製の空手映画がこの町で数回上映されたらしく、町を歩くと「シノワ、シノワ、カラ手」と、ガキ共がうるさい。

空手のまねをして追っ払った。

——レオネールとはこの町で別れた。彼は別れ際に、僕の肩を抱き寄せて頬にキスし、こう言ってくれた。

「ニーブルの書いた『アラビア記』にこうあるぜ。安楽な生活や美味な食卓を好む若者たち、女たちと心地よい時を過ごしたい若者たちはアラビアへ行くべきではない、ってね。友よ、君こそ本当の勇気ある若者だ。アフリカのどこかで、君がサハラ砂漠を横断したというニュースを聞けると思うよ」

僕は胸が熱くなった。ちょっぴり涙が出そうになった。

「精一杯トライしてみるよ。またどこかで会いたいな」

僕はレオネールの砂だらけの手を握りしめた。

「人生は前進であり、引き返しはないと、北極を征服したナンセンは言ったけど、この言葉を狭くとるな。焦らず、もしも事故があったら、無謀な前進をするなよ。一度引き返して、万全の準備をして、再びトライすればいい。それが本当の意味での前進だ。そうすれば、友よ、君は間違いなく、勝利を掌中にできるだろう」

レオネールは、哲学じみたことをいった。彼が何者か、聞いたことはなかったけど、インテリなのかもしれない。その言葉を胸に刻んだ。僕たちは再び握手をして、そして別れた。人にはそれぞれの旅があるのだ。

わが友、サーハビー

ラクダが五十万円もするという言葉が頭の中にこびりついて離れなかったが、ようやくそのめどがつきそうだ。ゾベラテで聞いたら確かにレオネールが言ったように二万五〇〇〇〜五万ＣＦＡ（三万六六二三〜七万三二四五円）の間だという。五、六万円で買えるようだ。アタル付近にはラクダが多く、ヌアクショットでは少なく、値段も高いとか。どこで買うかも決め、丈夫なラクダを探さなくてはならない。ヌアクショットでは、マスコミを動かし、多くの協力者をつくり、助けてもらわなくてはならない。

来年六月下旬に帰国の予定だが、帰国のための一カ月はすでに失われた。計画は速やかに実行しなければダメだ、勝利の日まで。

僕は一月八日、ラクダを探すために、ヌアデイブ行きの鉱石列車に乗り、九日の十一時に着いた。ラクダを求めて、早速町はずれに行った。二十頭ほどの群れがいたが、ダイレクトに値段を尋ねると足元をみられるので、雑談をしてから尋ねた。だが、ギアーとCFAとがこんがらがって、正確な値段がわからない。道で雑談している黒人に同行してもらい、もう一度聞くと、一万一〇〇〇ギアー（約七万九六二三円）で大きいものが買え、アタルではここよりも安く、同じラクダが九〇〇〇ギアーで買えるという。

再びヌアデイブに戻り、翌日アタルに着き、そこでもラクダ二十頭を見て歩いた。十二日。ちょうど、ガボンの大統領（ボンゴ）とモーリタニアの大統領が来ていたので写真を撮った。二年前、セネガルで、ガボンの大統領を見たことがあった。

翌日、近くの町にラクダを見に行く。この町のラクダ情報によると、ヌアクショットより高く、アタルより安いという。人によって多少言うことが異なるので困る。何はともあれ、ヌアクショットで考え、段取りを済ませたのち、どこで買うかを決め、買ったらすぐ出発することだ。

幸い、明日の朝、この町からヌアクショットに行くというトラックが便乗させてくれるというので一安心。遂にヌアクショットは目前だ。

トラックは軍隊関係らしく、町の軍の建物に今夜は泊まれる。夕方、二〇ギアーのめしを食べたあと、ビールを求めて店を歩くと、フランス人が二人きた。彼らの案内で鉱山関係者のレストランへ行った。一本三〇ギアー。二本目は彼らがおごってくれた。夜、ビールのため、下痢。参った。

●一月十五日

ついにヌアクショットに来た。なぜだか、胸が高鳴る。やっぱり興奮した。日本を去年の十一月十七日に発ち、今日は一月十五日。最初の予定では一カ月でここまでたどり着く計画だったので、約一カ月遅れたことになる。しかし、まぎれもなく今、ヌアクショットに着いたのだ。さあ、明日から忙しいぞ。

——この朝、僕は朝七時に起床。九時に軍用トラックに乗り、ヌアクショットへ向かった。途中、三回テントに寄った。二回目のテントには男が誰もいず、女性と子供だけだったので、モーリタニア人の三人のトラックの男が女性にいたずらしようとした。しかし、棒を振り回されて、さんざんな格好でテントを出てきた。その姿がおかしかった。

ヌアクショットに着いたのは二時頃。トラックが町の入口でパンクしたので歩く。歩きながら、ドライバーが「金を払え」と言ったので驚いた。トラックを止めたときは金のことを何も言わなかったから、ヒッチの気分でいたのに……。

それで、皮肉をこめて抗議してやった。

「乗せてくれたとき、金のことは何も言わなかったので無料と思った。なんてモーリタニア人は親切なんだろうと感謝しました。いままで多くの親切な人たちに会ってきたが、あなた方も同じようによい人たちだと思った」

とうとう彼はあきらめ、あきらめついでに町の中心へ行く道まで教えてくれた。

「ジャポネ。お前さんには負けたよ。元気でな」

この町には二年前きたことがある。町にたつと、野宿した場所も思い出した。コンクリートで外形だけつくってあった建物もそのまんまである。

安い現地人用のレストランを尋ねて歩くとマーケットに出た。一皿一〇ギアーのものを二皿食べ、安ホテルを探す。子供の後についていくと、中国のスポーツセンターに連れて行かれた。しかし、そこでも泊まれないというので、やむをえず、子供五、六人とレストランを回って歩き、ようやく一泊四〇ギアーの部屋を見つけた。当分ここに腰を落ちつけ、最後の準備をするつもりだ。十日分の金を払った。マカロニ、二五UM（一ドル＝四一・八六ウーギャ）、サラダ、二五UM。毎晩サラダを食べるつもり。日本へ手紙を書いた。本番はすべてここから始まるのだ。夜、少し興奮して、なかなか眠れなかった。

（お母さん、ヌアクショットに来たよ。今までのすべての苦労は、この日のために必要だったんだ。わかってくれるかい、お母さん）

母の表情はイメージのなかで、哀しいほど美しかった。ジワッとした熱いものが目尻に流れ、あわてて手の甲でふいた。誰が見ているわけでもないのに、ちょっぴり恥ずかしかったのだ。どうも感傷的で、ダメな人間だ、このオレは。でも、明日からは忙しい。これが涙の出しおさめ。

翌十六日、僕は本格的に動き出した。

まず、新聞社を探したが、一般紙はない。しかたがないので、「ラジオ・ヌアクショット」へ行く。事務所の一室に五、六人のモーリタニア人がいた。僕は自分の計画を説明した。

「ラクダで単身、サハラ砂漠を横断する。その準備もすべてできている。ただ、ラクダのいいのを一頭探したいので、協力してもらいたいのだが……」

僕は乏しい言葉を絵に描いて補いながら、必死で説明した。彼らの表情があきれたように、目が大きく見開かれた。

「一人でサハラを渡るって？　それは無謀だ。現地の人間でも、そんなことをした男は誰一人としていない。砂漠の神がそれを許さない。砂漠を甘くみた者は必ず砂漠に復讐されるだけだ」

彼らは執拗に僕を説得した。

彼らに、なぜサハラ砂漠に単身挑戦するのか、僕の心情やその理由を話しても、とうてい理解してもらえまい。またそれは無理だった。僕は言った。

「僕は自分の生死を賭けている。怖れるものは死ではなく、ラクダを選ぶ上で最良のものを選ぶための努力をしないことだ。どうしてもいいラクダがほしい」

するとそれまで黙っていた一番しわの深い男が、僕をジロリと見て言った。

「勇敢な若いジャポネ。四時にマルシェ（市場）へ来な」

砂漠の匂いがするその男は、それだけ言うと、部屋を出て行った。

「ダハウダはこの町では一番の目利きだよ」

残ったものがそう言う。その男がダハウダという名前だとわかった。

四時まで時間があるので、昨日知り合った黒人の子供と町をブラブラした。昼飯は、彼にパンとコーラをおごってやった。人なつこい子供で、なんでも細かい用事を聞いてくれる。そのお礼だ。

昼寝したあと、「ラジオ・ヌアクショット」にあいさつに出向き、そこから保健所へ行き、ラクダを買う前に検査してもらう約束をした。四時、約束の時刻に市場へ行くと、ダハウダが待っていた。最初に見た市場にはいいラクダがいないので、町の南側へ行く。十数頭のラクダのなかで、ひときわ大きく白い奴が目についた。上門歯も揃っている。いくらだと聞くと「一八ミルギアー」だという。高すぎる。

次のも同じように、白く体格がよかったが一七ミルギアーというのでやめた。

三頭目は栗毛色で体が少し小さい。ダハウダが首をふった。「よくない」

四頭目。これもダハウダはダメだという。「上門歯がない。年をとりすぎている」

結局、ダハウダが選んでくれたのは、いかにも元気がありそうな若いラクダだった。靴付きで一六ミルギアー。ダハウダが口をきいてくれた。一五ミルギアー（九万三〇〇〇円）で商談成立。

しかし、僕は一六ミルギアーで二頭買う予定でいたので、計算が大きく狂った。日本から三〇〇ドルが届いたら、一〇ミルギアーで二頭目を買いたい。明日、十時に検疫と検査をしたのち金を払うことにした。ダハウダにはレストランでビールをご馳走した。

翌十七日。十時に起き、「ラジオ・ヌアクショット」に顔を出し、そのあと検疫所へ車で行くと、昨日のラクダが来ていた。

ドクターが来る前に砂丘を試乗してみる。全速力で走られると、ケツが一〇センチも跳びあがり、胃袋が激しく揺れる。元気なラクダだ。ドクターは見ただけで「問題はない」と太鼓判を押した。そこで車でUSドルT・C四〇〇を換金に行き、売買証明書もちゃんと作成し、一五ミルギアーを支払った。いよいよ、このラクダは僕の所有物になったのだ。そうだ、名前をつけなくちゃ。考えていた名前があった。

「サーハビー」

アラビア語で「わが友よ」という意味だ。これからのサハラ砂漠で頼れるのは、このサーハビーだけ。すべての手続きが終わったあと僕はサーハビーの背中に乗った。ゆっくりゆっくり歩くと、日本人がラクダに乗っている姿が珍しいのか、町中の人が笑って見ている。子供たちがついてくる。そのまま砂漠へ乗って行く。乗心地は悪くない。しかし、気性が激しいのか、帰り道はさんざん。手綱を引いてもいうことを聞かず、ズドンと砂漠の上に投げ出された。抵抗が激しい。しかたがないので、帰りは降りて引っ張ってきた。

「ラジオ・ヌアクショット」（R・N）へ用事があるので、ラクダを預けた。塀に囲まれた中庭へ入れて、逃げられないように足を縛っておいた。兵士が絶えず門にいるので盗まれることはないだろう。寝る前に、もう一方の足を縛りに行く。この日、ロープを一〇メートル買った。これも準備のうち。

●一月十九日

朝九時、R・Nへ。それからサーハビーを連れて南の方へ四キロほど行ったところで草を食べさせた。帰ったのは午後一時頃。ところが、この日予期しないことが起きた。

五時頃、R・Nの人とイミグレーション（出入国管理事務所）に行ったとき、ミニスターが僕の顔をみて、冷たい声で禁止した。

「一頭のラクダだけで単身、このモーリタニアを横断するなんて危険この上ない。ガイドを連れていくならよいが、人道上の立場からもこの無謀な冒険を許可するわけにはいかない」

僕は青くなった。ガイドを連れていけというが、どこにそんな金があろうか。

「ロッソへラクダで行くにしてもガイドを連れていかなければならない。それが決まりだ。万一、許可し、事故が起きた場合、非難されるのはわれわれだからね」

このミニスターは一筋縄ではいかない。ひとまず退散し、善後策を練ることにしたが、その際パスポートをとられた。

思案にあまり、ラクダの寝場所を求めてテント村を歩いていると、この町で中国の建物に案内してくれた少年がきて、うちの中庭に寝かせればよいという。そこで、マットを持って行き、一緒に砂の上で寝た。気になってなかなか寝つかれなかった。

二十日。朝九時から一時まで散歩した。歩きながら、サーハビーに食べなくなるまで草を食べさせる。四時頃、水を五リットルほど飲ませた。

途中、十一時にイミグレーションへ行く。そして、ミニスターにもう一度交渉する。

「ロッソまでラクダをトラックに積んで行くので、何とか許可してもらいたい」

ミニスターがジロッとみて言った。「すべては金を受け取ってから決まる。月曜日にもう一度来い」

「パスポートを受け取りたいのですが」

「それも月曜日だ」

パスポートを渡すと、僕が出発してしまうのではないかと警戒しているらしい。

パスポートを何とか取り返し、一頭ですぐ出発する。何としても、僕は出発するぞ。だが、そうはいうものの、冒険の成功、失敗よりも、冒険そのものの実行に暗い影がさしてきた。

翌日は日曜日だったので、七キロ南にある港までサーハビーと出かけた。行きは背中に乗って騎乗の練習、帰りも草を食べさせながら半分騎乗。いろいろ考える。

（トラックにサーハビーを乗せ、ロッソに向かったように見せかけて、ヌアクショット郊外で降ろし、一、二日中に出発するという手はどうだろうか）

そのとき、素晴しいアイデアを思いついた。（そうだ、僕はラクダは売ったことにして、ニセの売買証明書をつくり、R・Nの人と一緒にイミグレーションのポリスへ行けば、一般の旅行者と同じ扱いになるのではないか）

たちまち、僕はこのアイデアにとり憑かれた。すぐそれを実行に移し、イミグレーションへ行ったら、「明日の午前中に来い」という。賭けは半々だ。しかし、気持ちは暗い。

警察もR・Nの人も、僕がもうラクダを売ったものと思っている。あとはミニスターの判断一つだ。

翌日、朝九時半に起床。すぐ警察へパスポートを取りに行く。十一時半まで待たされたが、無事パスポートは戻った。よかった！　ホッと安堵する。パスポートがあれば、もうこっちのものだ。

警察でT氏という一人の日本人に会った。一日中、彼とつきあう。一時の昼食前にマーケットへ行き、食糧や品物の値段を調べて歩いた。昼食後はサーハビーにめしを食わせに、一時半から四時半まで。今日はやたらとよく食べるので、見ていても頼もしい。

出発は明後日と決める。午後、少数の品物を買った。サディーン三六UM、コーヒー二八UM、砂糖三〇UM。そして、二〇リットルのジェリカンを一九〇UMで買う。ナイフ五〇UM。ナイフの大きいのが手に入らず困った。寝具もない。昼、ギターのネジが誰かにこわされた。

●一月二十四日

出発は明日だ。しかし、今日、銀行と郵便局へ行ったが、金は届いていない。心細いがもう待てない。送り先を変更してもらい、とにかく出発だ。

夕方、サーハビーを食事に連れていき、暗くなってから帰路。

ビスケット（二六〇グラムの六個）、ミルク（三袋）を買う。左足の筋肉が痛い。サーハビーも少し痩せたようだ。ガオでまた、ヌアクショットのBIADに手紙を出さなくてはならない。今晩寝れば、もう明日は出発だ。僕はサハラ砂漠への第一歩を踏み出すのだ。夜の星が光っている。あの星が僕の旅の守護星となる。大きな星が東の方へスーッと流れた。

サハラ横断への挑戦

サーハビー、さあ、出発だ！

●一月二十五日

僕は生涯この日を忘れない。

午前中、病院と郵便局へ行ったが金曜日のため休み。心は決まった。十二時半にセレニテで食事。十分量をとり、その後すぐにサーハビーの背中に荷物を積んだ。これまで少しずつ準備してきた〝命の綱〟だ。

ヌアクショットの南の砂丘、ここで友だちになったセネガルトオーレに写真を撮ってもらう。旅立ちの記念写真だ。精一杯かっこよくポーズをとったが、カメラの扱い方を知らぬらしく、思い切りシャッターを押してしまった。うまく写っているかなあ。

ヌアクショットの町よ、いざ、さらばである。心は一転して、あとは前進あるのみ。目指す彼方は、サハラ砂漠を横断し、七〇〇〇キロの東、ポート・スーダンだ。

「サーハビー、さあ、出発だ！」

砂丘からサーハビーに乗り、いつも食事に連れていっていた南西の草地へ行き、三時までいて存分に食べさせ、少量の草を積んだ。

前進コースと時間を記録するのに記号を使うことにする。

W＝歩き。*R*＝乗り。N＝北。S＝南。E＝東。W＝西。〜〜＝砂地。

二十五日。SW・*R*＝四キロ、S＝二時間（PM三〜五）、S＝一時間、E＝一時間。

これを解読すると、南西の方向へラクダに乗って四キロ進み、午後三時から五時まで二時間南へ、少し休んでまた一時間南下、のち東の方向へ一時間、という具合だ。

当面の目標はイデニ（Idini）の村。ヌアクショットからは水のパイプラインが走り、その脇に道がある。距離は六一キロ。夜八時に野宿。夕食はパン一本とサディーン。サーハビーと旅立ち第一夜の夢を結んだ。前人未到のサハラ横断旅行に賭けるという気負いはない。

朝八時に目が覚め、出発。砂漠の太陽がもうギラギラしている。サングラスなしではすぐ目をやられてしまう。出発したとき、南下するか東へ行くか迷ったが、東へ真っ直ぐ行くことに決める。サーハビーの背に揺られ、砂丘をいくつも越えた。

二〇リットルのポリタンクの水は、前に灯油が入っていたせいか、その味が今でも残り、まずい。今日は朝昼兼用、ビスケット。二杯のコーヒー。

また出発。十二時から七時まで進む。距離にして三五〜四〇キロほど。午後、サーハビーの歩き方が遅い。足が心配になる。夜はまた野宿。

●一月二十七日

北側を車のライトが走るので、朝はそちらへ向かう。九時より騎乗し四十分行くとテントが十個ほどあった。そこでマカロニに焼肉を入れて昼食。ここから北へ五〇〇メートル行くと、東へ向かう道があった。進むと左側に十五個ほどのテント。聞いたら一八キロ先に村があるという。

三時間ほど幾つもの砂丘を越す。木も減り、丘は砂ばかりなので、サーハビーも苦しそう。やむなく歩いてみたが、左足の指の付け根が痛い。また乗る。

そのとき、乗ったら反対側へ頭から落ち、サーハビーの鼻につけられているロープが首にかかった。暴れまわるサーハビーの足が目の前でメチャクチャに動いている。踏まれなかったが、危なかった。

午後三時半。イデニの村に着いた。村の人口はモーリタニア人が一〇〇人、中国人二〇〇人、フランス人一人。村のポリスにパスポートを見せ、スタンプを押してもらった。

ヌアクショットでとった三日のビザの期限が切れていたので心配したが、何ともなかった。村でパンとオレンジのジャム、ナツメヤシと薄いヤギのミルク、お茶をご馳走になり、今夜は三日ぶりに家の陰でサーハビーを見守りながら寝る。ポリスがマットレスと枕をテントから出してくれた。
●一月二十八日
九時十五分に出発。老人兵士の言った方向へ一つの丘を越える（方向四十五度）。サーハビーに木の葉を食べさせながら、三時十五分まで歩かせた。三十分休憩。二時間歩く（二十度）。道に出たので、また一時間半。その日は二頭のドンキーを見たのみ。野宿。
●一月二十九日
九時二十分出発。午後一時十五分まで道を捜しながらフラフラと砂丘に沿って歩く。方向は四十五～五十度。二時からまた二時間の歩き。やっと井戸に出合う。小休止。また出発。三十分歩き、一時間半サーハビーに乗り、ノロノロと前進。何キロ来ているのかまったくわからない。

二日前はビスケット、明け方、マカロニに肉。二十九日。朝ビスケット、コーヒー、昼ビスケット、夜マカロニと肉。野宿。夜露が多い。風はない。

●一月三十一日

昨日三十日は何をしたのか、ハッキリと思い出せないほど毎日が単調。似たような生活。どのような所へ野宿したのか。

記録するため必死で思い出す。三十日の朝は、北東へ走る二つの砂の山脈に沿って行ったが、昼過ぎにそれが消えたので、北東六十度へ向かって歩く。

二時半頃、北へ向かうラクダを八頭ほど発見。飼主はいない。彼らが井戸かテントへ行くものと思い、あとを追う（六十度）。何もないので、四時半頃にはあきらめ、真東九十度へ向かって前進。

日没近くに東へ向かう二頭のラクダの足跡を発見。真っ直ぐに歩いているので、人が乗っていると思い、ひたすらサーハビーをせかし、棒で何度も打つ。暗くなってから見失う。しばらくして、二頭のラクダが現れた。放し飼いになっている奴らだった。とんでもないムダをした。火の明かりも見えぬ。野宿。

今朝は七時半に起床。何キロきたのか計算したが、まったくわからぬ。東へ出発。十二時半まで乗り、一時間歩いて進むが、砂嵐がすごい。砂塵がもうもうと吹き荒れ、一〇メートル先が見えない。サーハビーを木陰に入れ、頭と顔をターバンで包んでやる。

砂嵐をやりすごし、また出発。夕方、井戸を発見。家は一戸もなく、人も家畜もいない。サーハビーに水を飲ませ、ここで野宿。

現在、夜八時十五分。サーハビーはひたすらトゲのあるアカシアの枝を食い、僕はズダ袋の上に腹ばいになりながら、たき火の明かりで、この日記を書いている。

――わが友、サーハビーとの二人だけの砂漠の旅。昼はギラつく太陽が砂丘を越えて進む僕たちからすべての思考をとりさる。暑さのあまり、もうろうとなる。汗がしたたり落ちる。熱砂のなかで苦しんだかと思うと突如砂嵐が襲ってくる。夜は一転して寒い。しかし、こんなことは序の口なのだ。この程度のことはこれまで経験しているし、何でもない。

ただ不思議なことが一つある。

サーハビーと旅に出て六日ほどになるが、彼はいったい、いつ寝ているのか。何時間眠ればよいのか。夜は、昼に食べた草や木の枝をもどして、もう一度噛みなおしている。夜中に目が覚めて起きても、必ず起きている。まったく僕と同じ時間だけの睡眠なのか、それとも僕に合わせているのだろうか。

もう一つ、気になることがある。

放し飼いになっているラクダの腹はビア樽のようにふくれているが、サーハビーの腹の脇、アバラ骨の脇がへっこんできた。かなり食べる量が減ってきたようだ。

歩いているとき、止まって草や木の枝を食べようとするが、食べさせたらキリがないのでムチを打っている。道に迷っているときなどフラフラと食べながら歩かれると、カッとなって思い切り首脇を叩く。それに時速四、五キロでは予定よりはるかに遅すぎる。

一歩約一メートル。一分七十〜七十五歩。一日に十時間では、予定以内に終了できない。明日は二月一日。六月三十日までには日本に着いていなくてはならないのだ。

5カ月×30日＝150日　　7000÷150＝47

毎日必ず四七キロ以上進まなくてはとても追いつけない。よし、目標を五〇キロにして前進するぞ、僕はそう決心した。

気がかりなことはもう一つ。次の目的地、テイデイクダへ行くまでの食糧がない。残りはビスケット一袋半とミルクの缶詰、砂糖。次の村、ボフナバ（Bovnaba）に人が住んでいてほしい。

●二月一日

ノウアキル（Nouakil）という名の井戸に着く。ここで家畜に水を飲ませにくる人を待つ。三人の男がランドローバーに乗って来た。ドライバーは黒人。鉄砲を持った老人、パトロンらしいアラブ人。彼らがお茶をいれてくれたので、ヤギの焼いた頭の肉を少しもらい食べる。

黒人はやたらと「時計、カメラは持っていないのか」という。要注意。十分に警戒する。ここで協力して水を汲む。ジェリカンに二〇リットル入れ、水筒に一・五リットル入れ、サーハビーにも飲ませた。

ドンキーに乗った男と子供が来た。男たちはハイマの場所がわからず、その男に尋ねた。男を乗せ、ランドローバーは去った。

僕は二頭のドンキーを連れてテントに戻るという子供のあとについて行った。移動を始めるのか、その途中なのか、テントを折りたたんだ男の所へ五キロほどで着いた。

中にいるのは奥さん。言葉は通じないが、「ヤギはいくらだ?」と聞くと、三本の指を出す。二〇〇ギアーにまけさせ、ヤギを一匹買う。そして、情の移らないうち、男に子ヤギの首を切ってもらった。皮をはがし、足とアバラ骨とに分け、八つほどの肉の塊をつくった。砂が舞っていたので肉に砂がつく。さらに、たき火で焼いたのでスミがつくが、しようがない。井戸から真東へテイデイクダへ向かうつもりでいたが、砂山の崖から乗り込んでいくのは大重労働。やむをえず、タイヤの跡を求めて平地を行く。すぐ暗くなる。砂地で野宿。風なく静かなり。

水はあと一滴しかない

●二月二日

九時半に砂丘に踏み込み、三十分ほど行ったが、砂に足をとられ進めない。再び平地に戻る。昼過ぎに砂嵐。夕方少し進み、すぐ野宿。足がだるい。すぐ厭きがきて歩けない。

●二月三日

北六十〜八十度で進む。足がかったるい。食事は子ヤギの肉。再び温めた肉に塩をかけて食べると、うまい。

遅々として進まず、すぐ野宿。この日の午後、一時に木陰で最後の食糧であるビスケットを食べてしまった。水の残りは一二〜一三リットル。夜は塩をなめておく。

●二月四日

八時に起き、九時にサーハビーに乗って出発。乗り心地が悪い。ラクダの鞍（ラーヘリ）の後ろに背中が必要以上にくい込み、そのため前が浮いてケツがさがり、足があがる。そのためだ。ラーヘリの後部にズダ袋を折りたたんで入れることで解決。ようやく長時間、座っていられるようになった。

一時まで前進。食糧のないことがひどく気になる。ボフナバにはテントがなく人もいない、というイデニのポリスの言葉を信用すべきだった。ボフナバまであと一五〇キロ。さらにテイデイクダまで二七〇キロとして、四〇〇キロ以上も食糧なしで行くことになる。サーハビーも疲れている。何度も後足を堅い地面にひっかけるので足が気になる。一時より一時間考えた。

――僕は最初の危機に突きあたった。食糧を少し軽く見すぎていた。次々に村で補充していけばいいと考えていたのだが、必ずしも計算通りにいかないことがわかったからだ。遊牧民のテントは移動し、村があると思ったのに行ってみたら空っぽということもある。砂漠で食糧がなくなったらどうなるか。そしてサーハビーの調子もおかしい。

今サーハビーをダメにしてしまうことは、この計画が中止になることを意味する。僕自身も体がもたないような気がした。

ここで大きく迷った。前進すべきか、戻って再び出直すか……。

このような危険は考えていたが、明らかに原因は僕にある。食糧を計算せずに食べすぎた。子ヤギも気が向いたら食べていたので、二日半でなくなってしまった。

行く（前進）は大きな冒険であり、失敗すれば餓死する。食糧を持たずに行くのは無謀である。冒険とは無謀なものでなくてはならない。僕自身、冒険を求めてサハラに来た。成功したら冒険の完遂、失敗したら愚かな行為で終わる。その線をいったいどこへ引けばよいのか。

このまま進んで町や、遊牧民のテントと出合う可能性もある。僕はサーハビーの体を点検しながら迷った。

そのとき、レオネールの言葉が浮かんだ。

「無謀な前進をするなよ。一度引き返して、万全の準備をして、再びトライすればいい。それが本当の意味での前進だ。そうすれば、友よ、君は間違いなく、勝利を掌中にできるだろう」

別れるとき、レオネールはこう言った。

そうだ、焦ってはいけない。思い切って引き返そう。それが勇気ある行動だ。何度もやりなおしのきくのが青春だ。失敗しても再び起きあがるのが青春なのだ。僕は今来た道を引き返しはじめた。三時間五十分で、三日に寝た所へ着いた。野宿。退却も容易ではない。極度に腹が減り、ハイシーをなめ、塩をなめ、朝アリナミンAを飲んでいた。もう三日目の絶食が続いている。たえず食物が頭に浮かぶ。何日で道に出るのか。餓死してしまうのではないか、と精神がふらつく。

六日も徒労のような旅が続く。午後五時すぎ、力のない声で「希望にとっては無限とも思われる苦悩に耐え」と、大好きなシェリーの「希望」の詩で自らを励まし、丘の上に出たとき、目の中にパッとテントがとびこんできた。

「ハイマ！　バンザーイ！　ハイマ！」

僕はまろぶようにして、サーハビーと一番近くのテントに駆け込んだ。助かった！

婦人から、水とミルクを混ぜたもの、そして砂糖をなめさせてもらった。うまい！　三日と五時間ぶりに口にする砂糖の味。生き返る思いだった。夕方にビスケット、夜、少量のマカロニとアワをご馳走になり、テントに寝かせてもらった。

ここには七個のテントがあり、男が八人、女が十人、子供が十五人。一人の年とった婦人とヌアクショットから来たという子供だけがフランス語を話す。彼らは親切だった。

夜中に、これからの計画を考えていたら、明け方五時まで眠れなかった。やり直しだ。

このテントの位置は、タオウミ(Taoumi)の井戸より東へ五キロ、イデニより一二〇キロという。翌朝八時半にもう目が覚めたが、サーハビーの脇腹があまりにもへっこんでいるので気になり、今日(七日)はゆっくり休むことにした。タオウミの井戸で六日ぶりに水を飲むサーハビーは、三〇リットルほどの水を飲んだ。夜はマカロニと肉をご馳走になり、サーハビーも食べた。

八日にテントを出発して、〝名誉ある退却〟(こうでもいわなきゃ、自分がかわいそうだ)をし、再びイデニに戻ったのは十一日。五時半にポリスに着いた。二十六時間半ぶりの食事。ビスケットにジャム、ミルクと水と砂糖を混ぜた飲みもの。生き返る。サーハビーにも水を飲ませ、八時まで草を食べさせた。今夜は軍隊用のテントに寝る。ポリスの所に泊まっているというより、家族に世話になっているような気がした。すべてはまた明日からだ。

●二月十二日　イデニの村

今日の買物。ビスケット一キロ（三〇UM）、サディーン二つ（二八）、米一キロ（一五）、コーヒー（三〇）、ミルク（六）、ラクダの肉五〇〇グラム（二〇）、石鹸（一五）、マッチ（一）、ツマル（三）。

朝から忙しく働いたので十分に旅行の用意を完了。水色の布で米などの食糧入れもつくった。昼はすべての服を洗い、二十四日ぶりに体を洗う。これは前回のサハラでつくった二十二日の記録を更新。

夜はテイデイクダまでの予定表づくり。そこまで九日、一日六〇キロの前進予定だ。

――十分な準備を整え、イデニを再出発したのは十三日の十時半だった。

その日はさすがに快調で三〇キロほど進み、十個ほどあるテント村に着いた。そこで一泊、翌朝八時半に出発し、二時間半で二十個ほどのテントがある村に着いたが、そこを素通りし、ひたすら急ぐ。

サーハビーの手綱をラーヘリにつけ、棒はリュックにさしてあるので両手があく。それで歌集を見ながら歌った。〽月の砂漠を……も歌った。でも、現実の砂漠はそんなロマンチックなものじゃないよ。道があると、コンパスを見なくてもいいから楽だ。これからは日中は本を読みながら行くことにする。

十四日、午後、ボウテルミテ（Boutilmit）に着く。ここはヌアクショットより一四二キロの距離にある村。モーリタニア国旗のある家をポリスと思って入ると、村長さんの家だった。氷入りのミルクを腹一杯飲ませてもらったあと、テクダの焼肉五〇〇グラムも出してくれる。メロン、スイカも出た。スイカは味がない。二時間そこにいた。

しかし、家の中に初めて入ったときからバッグをとりに行く間、ナイフとタオルを抜かれたらしい。道で捜していると、男の人が尋ねたので事情を話す。そしたら折りたたみ式のナイフと皮の入れ物をくれた。そこでゲルバに水を入れ、サーハビーに水を一五リットル飲ませた。意外に大きい村で、ジターネ（二五UM）、パン（五）、サディーン（一五）を買って出発。日本人が珍しいのか、村人がわんさかと出てきた。いやになる。見世物じゃないんだ。

ボウテルミテから東の山はなだらか、進みやすい。一〇キロほど進み、テイニアルダの村に七時三十五分に着き、テントに泊まる。そこの人は町で僕を見たという。

さっきの言葉を訂正しよう。旅先では何が親切につながるかわからない。村人たちは皆やさしい。心が温かい。言葉が通じなくても通い合う心、それが本当の人間愛だ。それを知った。

●二月十六日

テント村を出発。山はなだらか。四時間半行くと、井戸があり、付近に人の住んでいない廃屋が四つ。山脈を越えた所にテントが二つあり、今晩はそこで泊まる。

●二月十七日

二時間歩き、さらに二時間半乗って前進。村あり。コンクリートの家の住人らしい男に、アルグ（Aleg）までの距離を尋ねると三五キロという。四時からまた騎乗。ここはステップの気候地帯らしく枯れ草が多い。トリの鳴く声が至るところから聞こえる。

●二月十八日

昼すぎ、アルグ着。まずギタネス（二五UM）及びマッチ（一）を買う。レストランに入り肉ののったライスを食べた。アブラ身がうまかった。パン（一〇）、砂糖（一八）、ツマル（二）を買い、十五分歩いたのち、サーハビーにエサを与え、昼寝。夜八時よりまた五時間乗る。道ははっきりして平坦。しかし北へ行くべきなのに南へ向かっていることに気がついた。軌道修正。夜は野宿。

●二月二十日

サーハビーの足かせをはずしたとき、勝手に歩いていたので、捕まえるのにヒヤヒヤ。砂漠でラクダに逃げられたら一巻の終わりだ。

午後というより夕方六時すぎモクタ・エル・ハジャー（Mokta El Hajar）に着く。町の手前で写真を撮る。夕陽に映える砂漠の町はきれいだったが、町の中は土づくりの家が汚なく、ゴミと砂に被われていた。

レストランでデュリーを食べ、買物。禁煙したかったが、またジターネを買った（二五ＵＭ）。ビスケット二（一六）、ミルク二（一二）、マッチ（二）購入。すぐ出発。

雨が多いらしく、一〇キロほどにわたって畑が続いている。初めはトウモロコシかと思ったが、クスクスの元らしい。月はない。このところ夜の旅が多い。毎日毎日が前進。急ぎたいが、サーハビーに十分食べさせていないので、できない。何時間来た、何キロだ、あと何時間走る……これが一日中、頭の中を駆けめぐって離れない。

帰国したら、大学受験のための検定試験を受けるつもりなので、それが気になる。ああ、時間がほしい。サーハビーよ、急げ。
●二月二十二日
昨日の夕方、スングラフの村を出発。日没まで世界史を読みながら歩く。十五分の休みをはさみ、約六時間前進して二〇キロ先の村に着く。小休止。また夜の旅。野宿。

明け方、ミルクとビスケットを食べ、ジーパンをとりかえる。シラミ四四、卵十五個発見。また前進。残り二五キロ。急ぐべし。
●二月二十三日
朝、モウジャリア（Moudjeria）の町へ到着。町の西側は白い砂丘、東は崖である。マーケットで買物。パスポートを見せ、通過したというスタンプを押してもらう。食事のあと、三頭のラクダに荷物をのせて行く二人の人たちと一緒の旅になった。

カービン銃を持ち、ラクダに乗った老人兵士がテイジャクジャ（Tidjikda）へ行く道の方向を教えてくれた。彼らは東へ向かった（午後三時半）。

三時間ほど乗って町へ着く。ここには軍隊のキャンプがあり、軍の入口の兵士用宿舎に泊まれるようになった。司令官の家に行き、クスクスを食べ、お茶を飲む。会話がはずむ。ヒロシマ、ナガサキが話題となり、オキナワも出た。二日以内にテイジャクジャに着く。残り一二キロ。

●二月二十四日

二〇キロ先にガバン（Gaban）の村があるというのでサーハビーに乗る。四時間乗り、二時間歩いたが着かなかったので野宿。ミルク、砂糖、パンの夕食。夜中、トラック二台通過。朝（二十五日）、朝食をとって出発。一時間ほど乗るとガバンに着いた。テントが一つ。二〇〇メートル前にもう一つテント。それに穀物保存用のワラブキ小屋。ここで小休止。ウズラをつぶし、ドロドロに煮た物を食べた。計算をしたら、一日五〇キロ進めば間に合う。テイジャクジャから急ぐぞ。

今日は夕方から急ピッチで進む。残り八〇キロ。明日着くことにして、平均三八キロ。

●二月二十七日

正午、テイジャクジャ着。二十五日、午後四時、ガバンを出て、夜にはテント村に着き、その夜は野宿。朝（二十六日）、トラックが止まり、パンをくれた。ニムランに正午に着き、そこの先生と食事をし、四時頃まで。その間、体と服を洗う。テイジャクジャまで三五キロと聞いたが、一〇キロ手前で野宿。町に入ったのは正午を過ぎていた。

午後、郵便局へ行くと、親友のコウスケからの手紙二通、清水氏から一通、そして小包が届いていた。二通の手紙には十三人もの人たちの便りが入っていた。感激。むさぼり読む。友だちはありがたい。

——砂漠の町で思いもかけず、日本からの手紙と小包を受けとる。これほど懐しいものはない。みんなが僕を見守っていてくれる。砂漠をサーハビーと二人だけで旅しているときは泣きたいほどの孤独に襲われる。それがこうして日本からの心温まる手紙を読むと、自分は決して一人ではないと勇気づけられる。嬉しかった。

夜はマットレスに野宿。

しかし、旅は急ぐ。二十八日、ママへの手紙とみんなへのメッセージを送ったあと、昼はまたチショット（Ticht）へ向かうために食糧などの購入。

パン六（三〇UM）、砂糖五〇〇グラム（一六）、米一・五キロ（二一）、肉〇・五キロ（一五）、ミルク一（五〇）、玉ネギ三（一二）、トマト二、塩（一〇）、ジターネ（三〇）、マッチ（二）、封筒三（三）、ビスケット二（二〇）、小包（五二）、手紙二（三〇）、切手二（三〇）。

郊外にサーハビー好みの木があるので、そこへ行き、畑の見張りの所に泊まる。パンをあげ、ウズラとお茶を飲ませてもらう。サーハビーは一晩中食べていた。

●三月一日

八時半、出発。十二時まで歩く。午後三時まで休んだのち、夜九時まで歩く。近くにテントがあり、二人の男が泊めてくれた。

●三月二日

朝八時現在。男たちに「何かくれ」とねだられ、パンを半分あげた。旅の日数ばかり計算し続け、疲れている。

外は砂嵐。九時より十一時までフラフラ歩いたが、前進は無理。視界なし。やむをえず午後早めに、ラーヘリもおろし、木と草の陰で野営の準備。『雪国』（川端康成）を読む。

●三月三日

十一時出発。一日に今年の検定はむずかしいと思い、この日あきらめた。この調子では物理的に無理だ。それより全神経を集中し、このサハラ横断を完全なものにすることだ。そう思うと、気がスーッとして楽になった。

一時間ほど揺られていくと、ヤギの群れを発見。子供にテントの方向を聞く。しばらく行くと再び違うヤギの群れと会う。井戸とテントの場所を聞き、たどりついたのは一時すぎ。距離はあと六二キロだという。

サーハビーに水を飲ませ、エサを与えようと歩いたが見つからない。ようやく、イドゥム・モクターという人のテントの前にあるアカシアの木の枝を食べさせてもらう。僕はテントの中で『坊っちゃん』(夏目漱石)を読んでいた。夕五時少し前、彼が出発の準備をしているので、「どこへ行くのか」と尋ねると、チショットだという。これはラッキーだ。僕は同行することにした。

一人旅が急に賑やかなものになった。新しい仲間は、僕とサーハビーのほかに、モーリタニア人イドゥムとゲルバを積んだラクダともう一頭。それにアブと彼のラクダ。三人と四頭のラクダだ。

その日は八キロ行ったテントに泊まる。食事も豪勢になった。イドゥムが、「ジャポネ。ビエン、イシイ！」（日本人、ここへ来んかい）と呼ぶ。行ってみると、ヤギを一頭殺したところだった。最初は残酷な気がしたが、砂漠の遊牧民にとって、それはごく日常的なことだ。僕ももう慣れた。その夜は肉を食い、ヤギ肉入りのウズラを腹一杯食べた。この日昼めしを食べていなかったので、満腹になるまで食う。

このテントでさらに二人が仲間入りし、五キロ行った先のテントでまた二人。計七人と七頭のラクダの旅となる。みんな、よくしてくれる。砂漠の旅のしかたが自然にわかる。

すべてのラクダが早く走る。サーハビーの足を心配したが、早く走るようになってから一回もガクンとこない。サーハビーは皆につられてよく走る。しかし、そのたびに僕は胃が下がって苦しい。

ラクダの進ませ方は、小走り、歩き、小走りを何回も繰り返す。乗っているときは並んで彼らは話をし、岩のある所では歩き、砂の多い所も同様。平地では早い。

四日の夕方、ちょっとした危険な目にあった。テント近くの岩場を下っていくとき、僕は一番乗りを急ぎ、走ろうとした。その瞬間、僕の体が宙に浮いた。木の枝に右手がひっかかり、ラーヘルから腰がぬけ、腕をひっかけて宙ぶらりんになってしまった。そのまま岩に頭から落っこちて頭を割るのではないかと、ヒヤッとした。イドゥムが笑いながら、おろしてくれた。

「日本人、威勢がいいぞ」

テントでもハプニングがあった。そこに老人の狂った人が一人いた。子供たちが僕の姿をみて珍しがり、彼に何か言う。その人が今度は僕に何かわめいた。皆がドッと爆笑した。どうやら、僕をからかっているらしい。何度も繰り返すので、とうとう頭がカッカしてきた。僕はその人のところへ近づくと、思い切って腹を蹴っとばした。みんなギクッとして僕をみた。子供たちがワァーと逃げていった。威厳を示さないと、バカにされるだけだ。

●三月五日

今日は朝八時に出発。一〇キロ行ったテントのところで、イドゥムとモハメッドが一頭のヤギを六〇〇ギアーで買ってきた。少し前進した岩場のところでヤギを殺し、そこで足と内臓を食い、お茶を飲んで昼食。一時すぎ、そこで二人が別れた。

結局、ここでチショットまで行くメンバーは、僕とイドゥム、モハメッド、アハメッド、それに子供のアハフー。ラクダは四頭。アハフーはアハメッドのラクダのラーヘリの後ろに乗っていく。一〇キロ行かないうちに再び休む。彼らのテンポは悠長だ。しかし、ここは彼らに従うほかはない。お茶を飲み、肉入りのウズラを食べて出発。写真を三回撮ったが、一回目は失敗した。

テントに寄るたびに人がふえたり、減ったりして旅は進む。熱砂が舞うときは木陰で休む。イドゥムたちは井戸のある場所をよく知っていて、木陰で体を洗う。僕も体の汗を流し、黄色いセーターのシラミをつぶしたりして時間をつぶす。お茶を飲みながら『雪国』を読んだ。ギラギラと太陽が熱砂に照りかえるサハラで『雪国』。こら、実感がわかんわ。

夜、出発。左側は一〇〇メートルの砂の崖。右側は砂丘。月は満月に近く、こうこうと明るい。僕はキャラバンの一番後にいたので先に行くみんなのラクダの隊列を見やることができる。キャラバンの影が砂丘を静かにわたっていく。これは情緒があった。自然に「月の砂漠を、はるばると……」、僕はハミングしていた。しかし、僕には「お姫さま」はいない。ただ一人だ。無性に冷たいビールが飲みたくなった。

●三月七日

　イドゥムと旅をしてから五日になる。三日で着くと言っていたのに、まったく進まず休んでばかりいる。四日の日は一〇〇〜六十度の間を進み、昨日は六十度のほうへ進んだりする。これではルートと距離は変わらないのではないか。

　それから頭にくることが一つある。

　お茶や少量のミルク入りの水を飲むとき、彼らは僕の飲んだあとはさも汚なそうに避ける、僕が遊牧民は汚ないからといって遠慮するならともかく、これじゃ逆やおまへんか。彼らは優越感にひたっている。僕はやっぱり仲間に入りきれない異端者なのか。日本からもはみだし、遊牧民からも煙たがられる。僕はいったい何者なのか。

　特にモハメッドと一緒にいる男が、それを明らさまに口に出しているみたいだ。奴はいつもノドや鼻からタンや鼻ジルを出して、ペッとはいている。ちょっと不潔で、無気味な男だ。このヤロウ！

　目的地のチショットに到着したのは八日の正午。その朝、野営から起きて八時に出発。小走りに走り、砂地から少し石のある所へきたら、サーハビーの足が三回ほどガクンとなった。それまでは何ともなかったのに。

イドゥムたちはナツメヤシの木が見えてから、ぐんぐん飛ばす。僕も後を追ったが、ケツが痛くてたまらない。そのせいか急に便意をもよおし、がまんできなくなった。町の手前でこらえきれずに、ナツメヤシの陰で野糞一発。それから悠々と町に入った。

ポリスの前で、イドゥムたちがラクダを止めて待っていた。

「ジャポネ。達者でな」

簡単な別れだった。ただ握手をするとき、イドゥムは力強く握った。僕もギュッと握り返した。あの男がまたペッとタンを吐いた。そして握手を求めてきた。悪い男ではないのだろう。外見で人を判断するのはよくないことだ。彼らは自然のままに生きているのだ。

ポリスの所に行くとチーフがいない。アメリカ人たちがいるというのでそこに行った。

さすがに話はツーカーと響く。若いアメリカ人と話したら、「昼食を一緒に食おう」という。久しぶりで食堂での食事。

まずサラダを食べた。トマト、ピーマン、オリーブ、キャベツ、キュウリのサラダ。そして、ハンバーグ・ステーキとライスとマッシュポテト。ファンタを二本。パンにバターをたっぷり塗って食べたら、うまいこと、うまいこと。天国の食事に思えた。

若いアメリカ人は、僕の計画を聞いて、ヘエーッと驚いている。

「また夕食を一緒にしよう。面白い話を聞かせてくれ。その代わり、うまい料理とよく冷えたビールをたらふくご馳走してやる」

あとで会う約束をし、食べ終わってからポリスに戻ると、今度はチーフがいた。スタンプを押してくれるよう頼んだら、アラビア語で書き、わけなく押してくれた。

そして、物珍しいのか、珍客だと思って歓迎してくれ、肉入りのご飯を出された。断るわけにもいかないので食べた。満腹。満足。

リュックなど荷物をポリスに預け、サーハビーにも水を飲ませ、今ヤシの木陰でこの日記を書いている。サーハビーは一本だけ見つけた木の葉を食べている。召使いの女が来て、何か文句を言ったが、黙殺したら、そのまま行ってしまった。

チショットは物資の中継地で、一日に一、二回ハーキュリーが飛んでくる。砂嵐に強いスイス製の小型機で、必要な物資を運んでくる。ここから一八〇キロほど北北東のテクアコ（Texaco）で石油の大掛りな工事をしており、そこでは四十カ国の人間が働いている。その物資の中継地点がこのチショットだ。そのため、ここには人の入れ替わりが激しいが、常時八人は住んでいるという。砂嵐が激しいため、食堂、シャワー、無線、寝室などが箱型の家に収まり、それが四つある。食堂は白い箱だ。

若いアメリカ人はジェリー・ボスウェルといった。八日の夕方六時頃、ジェリーに案内され、ハーキュリーに乗ってテクアコまで来た。ジェリーがビールを二本くれ、連中と飲んだ。うまい！　約四十日ぶりのビールだ。僕は貴重品でも扱うかのように、ゆっくりとビールを口に運び、一口ずつ流しこんだ。キュッと快い冷たさがノド、食道、胃にしみわたっていく。体の中央を稲妻が駆けぬけたようにビールの冷たさが体中をつらぬいた。

「ヒャー、このうまさ、こたえられないや」

僕の声にみんなが笑った。

またチショットに戻り、九日の朝食はポリスのところでとった。昼はサーハビーにエサを食べさせに遠出し、夕食はジェリーたちと精一杯食事。八時半からは映画を見た。久しぶり。映画はアメリカ海軍の物語で、日本兵が殺されるところや、飛行機が撃墜されるシーンはいい気持ちはしない。サハラまで来て、こんな映画を見るなんて!

●三月十日

十時少し過ぎにポリスたちと朝食。パンとヒツジの肉とポテト。大変うまかった。それから出発の準備。パン七(三五UM)、肉一キロ(二五)、米一キロ(二五)、砂糖一キロ(四〇)、コーヒー一(三〇)を買う。

ジェリーが十二月に日本へ行くというので、彼に住所を教えてあげた。

十二時半にまたテクアコへ行く。そこで最後の昼食。チキン・スパゲッティ、サヤエンドウ、サラダなど。腹一杯食べる。

さあ、また出発だ。テクアコを出発するとき、ジェリーに写真を撮ってもらい、鼻輪のロープを新しく替え、タバコを二箱もらって、午後三時頃出た。

「今度は日本で会おう」

「タカシ、再会を楽しみにしているよ」

ジェリーと日本での再会を約して別れた。

今日から再び、貧しく単調な旅が始まる。

このような文明的生活は素晴しいが、精神的には毒だ。やる気をなくさせる。一刻も早く離れよう。三〇キロ先まで今日中に行こう。僕は再びサーハビーの手綱を持った。この夜、野宿。次の日も、砂丘で道がわからず、二つ目の砂丘の手前で野宿。

●三月十二日
地図にない三つ目の砂丘地帯に入り、果てしなく続いているのでウンザリ。暑い。ノドがヒリヒリする。SE方向へ前進。夜は月が出ないので、日没前、砂丘のくぼんだ所に木があったので野宿。胃が痛い。

●三月十三日
八時半に出発。SE、東へ南へとジグザグ。北側がなめらかで、東西に切れているため、十二時から何回も少し戻っては前進。これの繰り返し。気がいらいらする。

夕方、十二頭のヤギを見たので、テントへ帰るものと思い、後をついて行くと、一キロほど先にテント。白く、簡単なつくりのテントだ。彼らのラクダが五十頭ほどいた。水を器に二杯もらった。しかし、歓迎されなかったため、すぐ出発。二キロ先で野宿。

●三月十四日

SEへ進む。三時間半ほど進んだ昼に、ラクダを三頭見たので近くを捜すと、四十頭ほどの群れに会った。子供がいたのでテントの位置を聞くが、見つからず。戻り、三時間少々歩き、米を炊き、コーヒーを飲み、歌の本を読んでいた。

再びテントを捜す。目立たないところに二つあった。いたのは婦人と老人。水を器に一杯もらい、半分をサーハビーに飲ませる。ほとんど家具財産がない。かえって「お茶はないか」、マッチは、布地は、とたかられるので、オウジャフ（Oujaf）の方向を聞き、早々に逃げた。日没前に野宿。夜、ライスにコーヒー。

●三月十五日

朝四時半、ゲルバの最後の水で米を炊く。やたらに砂が多かった。九時出発。途中、ラクダ十頭を見たので、近くにテントがあると思い捜したが、日没前あきらめ、東へ行く。オウジャフまであと七〇〜八〇キロ。水は残り一リットルしかない。野宿。サーハビーの足も疲れている。

●三月十六日

八時出発。東へ。ラクダの群れを見たので近くにテントがあるはずだ。注意して進むと砂丘のところから、ヒョッコリと子供が現れた。SWへ一キロの場所にテントがあった。オウジャフは東三〇～四〇キロと思っていたら、東一〇キロという。自分の思っていた方向が正しかったのでうれしかった。

水を器に一杯、ゲルバに入れてもらう。少量の砂入りの飯を食い、お茶を三杯飲んで出発。夜、最後のコーヒー。たき火で読書。

●三月十七日

七時四十五分に出発。地図と地形を合わせてみたが、何十キロも続いていなくてはならないのに、三つの岩山しかない。オウジャフより八〇キロほど北ではないかと思い、自分の計算の誤りにガックリ。

夜七時まで歩き続けた。水筒はカラ。ノドはカラカラ。テントを捜さないと危い。足も痛い。体の疲労が激しい。枯れ草の所で野宿。すぐに寝た。

●三月十八日

起きたら、サーハビーがいない。しまった！　逃げられたか、一瞬真っ青になった。旅になれ、サーハビーの扱いが不注意になっていた。ここでサーハビーに逃げられたらどうなるか。死を意味するのは自明。飛び起きて捜しにいった。いた！　サーハビーは近くで枯れ草を食べていた。

しかし、捕まえるのが一苦労だった。跳びはねて暴れる。前日には、鼻をロープで結ぶとき、首と体でギュッと僕をはさんだ。気が荒れている。水がないせいだ。このままでは逃げられずとも、サーハビーが途中で倒れてしまうのではないかと心配になる。

とにかく、進むことだ。崖を北側に向かって出発。八時前、ワジを発見。緑もかすかにあるので、何かの手がかりを捜す。

ノドが乾いてしようがないので、丸い草の実を切り、その汁を飲もうとして口にふくんだら、口一杯に何ともいえぬ苦味が走る。あまりの不快さにペッと唾を吐く。あわててハイシーAをなめて中和。太陽の奴は情容赦もなくガンガン照りつける。見わたすかぎり、砂の海。このままじゃ、危い。座しては渇死するばかりだ。進まなくちゃ。僕はノロノロと立ちあがった。

なぜ、旅を？

渇いた者にとって、砂漠の旅は残酷すぎる。唇は乾いてパサパサだ。汗だけが、額から、腋の下から、体中からしたたり、水分が蒸発する分だけ、ミイラ化への恐怖につながる。とにかく脱出しなければ、僕はサーハビーの背でウツラウツラしながら、気力をふりしぼった。またも貴重な水を飲みすぎてしまった。あるときはどうしてもついオーバーに使ってしまい、今一滴の水に泣く。命の次に大事な水だというのに。フラフラする。何時間歩いたろうか。

砂丘のはるか彼方で動くものがある。ラクダだ。一頭のラクダがいる。ラクダがいるなら人もいるはずだ。僕は助かったと思った。最後の気力をしぼって近づくと、男と女の子がこっちを見ている。

「水だ、水はないか！」

僕は手まねで叫んだ。

わかったらしく、男がこっちへ来いという。掘った穴があり、そこに赤褐色の水がたまっていた。僕はその水に顔を押し込むようにしてガブガブ飲んだ。ノドがスウーッと冷たくなった。今まで飲んだどの水よりもおいしい。まさに命の水に辛うじて救われたのだ。サーハビーにも飲ませた。サーハビーもゴクゴクと数回飲んだ。一息ついたところで、男が「肉を食え」とたき火の所へ連れていってくれた。米があったので僕はお礼にそれを出し、三人で食べた。オウジャフは南だと教えてくれた。

お別れ。また出発。少し元気を出して、一〇キロほど行くと、途中で移動中の家族に会った。五十頭ほどのラクダがいる。どこへ行くのか。

午後はやたらとノドが乾く。急にガブガブ飲みすぎたせいだ。日射しは依然として肌を焼きつくすように暑い。幸い、今度はすぐ井戸があった。四メートルぐらいの深さの井戸でラクダが一〇〇頭ほどいる。一時間もかけて水筒とゲルバにたっぷりと水を入れ、顔を洗った。地獄に仏、こんな言葉がチラッと浮かんだ。砂漠の民が、アッラーの神にすがるのがわかる気がした。

東のほうにテントがある。ラクダに水を飲ませていた老人が案内するというので、後ろに乗せる。岩を残した谷間に三つのテントがあった。婦人が三人、男の子が二人、女の赤ちゃんが二人。アマル・ウル・モハメルダーという男が家長。あとの二人の男は留守で客人が一人いた。

ちょうど昼飯（午後四時）が終わったときだったのでお茶を飲み、八時の夕食まででがまんする。その代わり、夜は腹一杯食い、ミルクもたっぷり飲んで寝た。疲労がひどく、翌日の昼までぶっ倒れたように寝ていた。

チショットでもらったロープとラクダの手綱をアマルと交換。目が悪いというので目薬をあげたら喜んだ。

明日（二十日）より二日かけてオラタに着く予定。午後は暑く、砂の上を歩くと足の裏まで焼けるよう。ここでサーハビーを休ませることができてホッとした。

●三月二十日

今朝は風が強い。砂が舞う。九時すぎラクダに水を飲ませに井戸へ行く。崖の上に住んでいた人たちがラクダをゾロゾロ連れて一緒に井戸へ行く。出発間際、アマルが目薬のお礼に棒をくれた。棒は今までに四本ダメにした。今度のはいつまでも耐えるだろう。

連中が連れて来たのは、背中に二つの小型ドラムカンを積んだラクダが三頭。全部で九十頭ほど。十九頭は新生児のようだ。こちらは一人、ラクダも一頭。サーハビーに水を飲ませ、ゲルバにも十分水を入れ、十時十分に出発。SE方向へ。十時四十分頃、九七キロと石の置いてある場所に出た。三時まで休憩。オラタより来たという二人の男に会う。テントに関する情報交換。前進開始。道を見つけたが、場所によっては消えている。ヤギの群れを見つけたのでついていく。人はいない。それでミルクを失敬しようと思い、器をもって追いかけたが、捕まらない。骨折り損のくたびれ儲け。バカをみた。

ヒョイと見たら、近くで老人が怒った顔で見ている。素直に謝ったら、機嫌を直してテントに案内してくれた。

「ジャポネか。フーム、ジャポネはアメリカの近くじゃったかいの」

老人には、日本から来たということが想像もつかないようだった。

テントは二つあり、覆いはとられている。住人はハメッド・アハメッドというこの老人と奥さん。女の子二人に男の子一人。それにもう一人他の人の奥さん。みんないい人だ。

「砂糖はないかの」と老人。

「ない。それどころか、今日はまだ何も食っていない。ペコペコだ」

と手ぶりでいうと、奥さんがすぐ米を炊いてくれた。むしゃぶりつく。うまい。アマルのところでもそうだったが、彼らは薬がない。貴重品だ。少しお世話になるつもりで奥さんにはアリナミン九つ、ニバキン二つ、もう一人の奥さんにニバキン二つをあげた。今夜はここ泊まり。

このところ、すごく気が焦る。苛立つ。何か考えたい。自分を凝視《みつ》めたい。これからの人生のことを考え、ここまで来た。何かをつかもうとしているが、集中力がなくなり、思考がぼやけてしまう。ラクダの上で考え抜くだけの価値はある。

夜。奥さんが炊いてくれたご飯をたらふく食べた。今までの米とは違い、大粒でうまい。何か香料を入れ、炊けてから動物の脂肪を入れたようだ。ドンブリ四杯分出してくれる。すべて食うのは悪いと思い、少し遠慮がちにけずった。

食事をしながら、奥さんが聞く。

「なぜ、旅をしているのか」

ズバリ、そう聞かれると、なかなか正確にその答えは出てこないものだ。それで、今まですでに五十数カ国まわり、サハラも三回来たことがある。今度が四回目だというと、目を丸くした。五十数カ国といっても、この砂漠から出たことのない彼らには、自分の国と両隣りの国とあと数カ国しか知らないだろう。

奥さんが言う。

「自分の息子は十五歳だが、旅に出ると言ったら引き止めるだろう」

だから、僕は言ってやった。

「しかし、彼は二十歳以上になったら、一人で旅に出ていくだろう」

そう言ったら、奥さんが「たぶん、そうかもしれない」とうなずいた。母親というのはわかっているのだ。不意に日本にいる自分の母親の姿が浮かんだ。親不孝息子だと思っているだろうなあ。

夜はクスクスにミルクを入れたもの。多いのでコッフェルに入れ、明朝用にとっておく。

●三月二十一日

七時に起き、朝食。方向を教わり、出発。一時間ほど行くと、テントが二つある。トッコレルの場所を尋ねると、「あの丘を越すと、二つの小山が見える、そこだ」

とジェスチャーで言う。そのまま進む。左側に崖を見て、砂の小山に向かってサーハビーを走らせた。三時間で着く。

二五キロは来たろう。井戸が見つからないから、砂丘の間で糞をし、歌の本を見ながら歌っていると、井戸らしき所へラクダが来た。わずか二〇〇メートル手前で休んでいたわけだ。

水を飲ませ、十二時出発。夕方四時頃、ラクダ十五頭ほど連れた二人の子供たちに会った。テントは西と東に二つあるという。東へ行くことにし、進む。サーハビーの左足がガクンと何度もなる。座らせ、調べたら、爪と肉の間に小石がはさまっていた。砂地では調子よく、砂利のある所と崖でガクンとなるのは、これが原因だとわかった。石のある所では走らせないことにする。

目をキョロキョロさせ進むと、六時少しすぎにラクダ三十頭ほどを南へ連れていく二人の男に会ったので、一緒に五キロほど行く。

二家族で北へ移動中なのだ。オウジャフでも北へ向かう人たちに出会ったし、井戸でも多数の移動中の連中を見たし、ミルクももらった。彼らはよりよい場所を求めて、移動していく。安住していない。移動そのものが彼らの人生なのだろう。

堂々としている。テントは張らずにゴザを敷き、片隅に家財道具をおき、奥さんがゴザの上にあぐらをかいている。絵になる格好だ。しかし、この連中はケチンボ。自分たちだけで食事をし、僕にはミルクを少量。何もあげられなかったので、彼らは不親切で、奥さんは悪口を言っていたみたい。

マッチ、お茶、砂糖、マロー、ウズラ、ハサミ、薬、ゲルバ、肉、ビスケットと、何とまあ数多くの品物をねだられたことか。マッチ五本だけあげた。

二十二日の朝、そこで別れ、僕は一キロほど行ったところで、また別のキャラバンに会った。「オラタへ行く」とフランス語で話すチーフが言う。

行先が同じなので一緒に行くことにする。十二頭のラクダに家畜用の岩塩とヤギの皮の袋を積んでいる。メンバーは三人。チーフのフランス語は僕よりもうまい。話すと、どうやら、ラス・エル・マ（Ras Le Ma）まで行くというので、一緒に行くと言った。

一時間後に出発。先頭にチーフ、六頭目に若い見習い、九頭目に大人の男。六時までまったく止まることなく、時速五～六キロで歩く。単調で眠い。ラーヘリが左へ傾いていたので、背骨と腰が疲れる。

翌朝の九時頃。シャンダル・メリーに行き、チーフの家へ来た。

彼の名前はサンバといい、干し肉とナツメヤシ、コーヒー、お茶などをご馳走してくれた。しかし、ここで迷う。いつもキャラバンと一緒では単身サハラ横断の意味がない。キャラバンと行くかどうか迷った。

●三月二十三日

ラス・エル・マへ向かうための買物。米四・五キロ（一〇六ギアー）、肉一キロ（二〇）、コーヒー（三五）、クシ（五）、ピーナッツ（二〇）、緑茶（一三）、タバコ三（三〇）、マッチ（四）、ボールペン（一〇）、砂糖一キロ（四〇）、ビスケット一（一二）。

昼はたらふく米に肉の入った食事をとり、それからキャラバンを捜しに井戸へ行く。結局一人で行くことにした。マリ共和国へ向かう道を井戸にいる人たちに聞いたら、谷のほうを示し、ハイレという井戸があるという。

チーフの家に戻ったら、老人が「ハイレまで一〇〇キロだ」と言い、ラクダの道があると言った。さらにハイレより、トイベ、ベイケトラヘシ、トイデュラハラムまでの井戸の名を教えてくれた。ルートはほぼここより、ラス・エル・マまでの直線上だ。

疲労が激しいので、出発は明日に延ばす。食糧を買いに出たとき、親切なポリスがいて、「お茶を飲むか?」と言う。ビスケットとピーナッツを出してくれた。買物にも付き合ってくれたので、肉も脂肪と骨のないいい肉を買えた。店に入るとボラレるのが普通。権力の傘の下に入った感じだが、今日の気分は悪くない。サーハビーにも十分水を飲ませ、髪と体を洗い、ズボンをつくろった。

●三月二十四日　オバラタ (Ovalata)

昨夜は寝る前にサーハビーを家の前の庭に入れたので、安心して眠れると思った。しかし、まったく寝られなかった。人生について、日本に帰ってからの生活、将来の生き方をいろいろ考える。とうとう朝の七時になった。出発は二十五日に延期。こうしているうちにも、おおぜいの人に迷惑をかけてしまう。気をつかう。すると、小さなことにまで神経を費やし、ノイローゼ気味になった。

——この頃、神経がいらいらする。旅が順調にいかないことが原因だが、やはり心の底では、僕が自分の意思と行動でサハラに来たとはいえ、高校の仲間たちが〝受験地獄〟の問題はともあれ、いま一生懸命に勉強している姿が目に浮かぶと、ふと不安になるのだ。

旅の疲れが、神経と肉体をズタズタにしているのかもしれない。これからの旅は、毎日規則正しく早く進み、町や村で十分に休むようにし、栄養にも気をつけ、すべての面で無理のない快適な旅をしなければダメだ。

眠れないので、人生設計の青写真を考えた。これは最後の線であり、これ以上時間を遅らせることはできない。

・一九七四年（二十二歳）　旅は終了し、帰国。すべてのことを処理する。

・一九七五年（二十三歳）　検定の勉強。受験勉強。そしてバイト。

・一九七六年（二十四歳）　早大クラスの大学に入ること。

・一九八〇年（二十七歳）　卒業すべし。

目標に向かい、ひたすら勉強し、下積みの生活も体験し、人生の基礎を固める。

それに至るまでには、現在の旅行を何としてでも完遂させなければならない。まず生きて帰ること。これが絶対の先決条件だ。欲ばって言えば、サハラ砂漠を完全に理解し、学術的な線までいかないとしても、生のサハラを知っている人間として、他のいかなる人にも負けぬぐらい、この旅行を価値あるものにしなければならない。

そのために は次のことを成す。
研究対象と課題
・サハラの地理と自然（動物、植物、気候を含む）
・サハラの住民と生活
・フランス語、アラビア語、現地語の修得
・歴史などをフランス語の本で学ぶ
・すべての見聞をフィールドノートに記す
・日記は自分自身を記録する
受験・検定は対象にせず、気が向いたら読むというようにし、気楽にかまえる。

何はともあれ、自分自身の哲学をサハラでつくり、とりあえず、マリに入ったら、フィールドノートをつくろう。

ここからラス・エル・マまでに井戸は六つ。ハイレ（六〇キロ）、トイベ（一〇キロ）、ズエナ、インケルショフ、トンベッティ、ボカバラ。一日に五〇キロ以上は行かなくてはならない。キャラバンのルートと同じだ。
●三月二十五日

七時頃コーヒーを飲み、出発の準備。水を積み、九時にサンバの事務所へ行き、パスポートをもらって出発。

サーハビーの背に乗り、砂丘を越し、歩きながら考える。将来、何になるのか。政治、法律などを学び、人びとの役に立てる人間になり、少なくとも世界の平和に協力できる人間になりたいと思う。しかし、理論より行動が先行する僕の性格には、あまりにもそれは堅すぎる。旅行作家になるのはどうだろうか、とも思う。

そのためには豊富な知識が必要だ。国々の歴史、地理、文化、言語、そして文章力とカメラの技術。どれをとっても嫌いなものはない。堅苦しい机の前の仕事より、僕の性格に適していそうだ。今はひたすらによりよい旅の結果を出せるよう努力するのみ。

途中で、一人の男と会う。口笛で止め、道が正しいのかどうか聞いたら、この方向でいいという。夜通し走れば、明朝トイベに着くといった。彼はバリー・ダウルというフランス語を話す男で四十歳。十五年間軍隊におり、ラクダでモロッコ、アルジェリア方面へ旅に出たことがあり、今は三カ月に五〇〇〇ギアーの恩給で生活している。黒人サーバントを一家族使い、衣食住のほかに月二〇〇ギアーを払っているとか。
同じ方向だというので、一緒に旅することになった。

●三月二十六日

五時半に起きてお茶を飲み、七時前出発。彼のラクダが木の所で後ろへさがるため、僕が手綱を受け取り、抜け出せるようにしてあげた。前日は五、六回、今日は十回ほど、鼻輪とサーハビーに結んだロープが張り、鼻輪がとれて血が出た。

十二時半頃、ハイレ着。前日は一時間少々しか寝ていないので、寝不足、暑さで体中がガタガタだ。ハイレでサーハビーに水を飲ませようとしたが、水が汚ない。彼がハイレでラクダをとり替えたので、今度は僕が遅れた。二時半まで木陰で休み、出発。少し話をした。五キロほどで彼のテントに着く。ここで初めて彼が遊牧民であることを知った。

フランス語を話し、他の遊牧民のようにケチではない。僕が糸を出したときも「旅は長いから使うな」と使わせなかったことなどから、町の人間と思っていた。十個あるテントでも一番大きく、豊かな感じがする。

彼のテントで泊まることにし、ゴザの上で地図を広げ、これからのルートを調べる。たっぷりと今日は眠れた。

●三月二十八日

昨日（二十七日）の朝、出発するつもりでいたが、何となく体がダルイ。すすめられるまま延期。夕方まで『坊っちゃん』を読み、午睡をとる。飯はたらふく食べ、幸福。

今日もまだ出発できずにいる。

一人、砂漠を見つめている。砂、砂、砂だけの世界。果てしない砂の海を、真っ青な大空がドームのように包む。空の青と白い砂が遠い地平線でつながり、太陽がギラつく。暑く、汗が流れ、僕は今孤独だ。

空想をするだけならば、何にでもなれる。それには苦労もなく、自分の思うままにすべてが運んでいく。その空想の世界に僕はいるのか。いまだに秘かに持っている、見果てぬ夢ともいえる国連での勤務。戦争を世界からなくすために、和平関係の仕事につくため、政治、法律などを学ばなければならないと思っていた。

しかし、それらの学科は自分に適したものではないように思え、今では地理に関することを大学で学ぼうと思う。地理を専攻し、その知識を国連で使えればと思う。

そのようなものを必要とするポジションがあるかどうか、後日、調べてみよう。

十八歳の頃から思ってきたが、思うだけでは入れるわけがない。頭脳明晰になるよう自らを鍛えなければダメだ。

金儲けや小さな組織のために一生を使うよりも、人類のために生きたほうが生きがいがある。専攻しようと思っている地理と地球の食糧危機、自然破壊とが結びつくような気がしてならない。

世界史をとらずに地理を受験科目に入れよう。物理は嫌いだがしかたがない。古典、漢文は受験に結びつくので、真面目に勉強すべし。僕は人より旅に出て遅れているのだから、ストレートで入らなくてはいけない。日本に帰ったら勉強、勉強だ。活動と勉強と……。何が言いたいのかわからなくなってきた。午後のけだるさ。サハラ砂漠の飢餓問題が少なからず、今の僕に影響を与えている。ウン、これは間違いない。腹が急に減ってきた。

〝幻の都〟トンブクツーへ着いた！

モーリタニアは踏破したのだろうか。次の大目標はマリ共和国の通過だ。マリに入ればますます酷熱の太陽が狂おしくする。なにしろ世界の熱極と言われ、五十度の気温はザラ。これからが本格的なサハラ砂漠だ。いざ、前進！

三日間お世話になったバリーのテントを出発したのは二十九日の七時頃だった。まず、五、六キロ先の井戸（トイベ）に行って、サーハビーに十分水を飲ませ、ゲルバに水を入れて出発。八時十五分より十二時十五分まで歩き、木陰で四時三十分まで休憩、昼食。二回飯を炊き、コーヒー、昼寝。黒人の老人が来たので、飯を少しあげた。

出発。一時間ほど走らせ、夕六時に井戸（ベイカ）に着いた。ゲルバに水を入れ、三十分して出発。一時間半ほど行き、野宿。飯、コーヒー、飯の順で夕食。夜はたき火の明かりで『徒然草』を読む。古典もなかなか面白い。就寝十一時半。

●三月三十日

五時に目が覚め、朝食のあと、七時半に出発。二時間二十分ほど小走りに行くと、砂丘があり、井戸があった。男がいたので聞いてみた。

「ここはモーリタニアか、マリか？」

「マリ」

男が素っ気なくいう。

すると、昨夜は国境の上で寝たらしい。一時間休み、十時五十分より十二時十分まで小走りにきて、今は休んでいる。小走りに進んだほうが合理的なようだ。サーハビーは疲れるが、長時間休める。僕は本は読めないが、昼休みをふやせる。だが、上下振動が激しいのはかなわない。

●四月三日

三十日からのことが詳しく思い出せない。暑い。目がクラクラする。頭がボケたのか。夜は野宿した。確かに枯れ木は多く、薪には困らなかったが、どのあたりで寝たのか。

三十一日。思い出せない。朝発ち、午後は休んだみたい。東へ向かったが、サーハビーが歩きたがらないので野宿した。

四月一日。エープリル・フールだったが、サーハビー相手に大ボラ吹いてもつまらない。

一時間ほど小走りに行くと、テントが三つあった。そこでヨーグルト入りの冷たい水をもらう。ラス・エル・マの方向にまた歩くと井戸に出会った。そこにフランス語を話す黒人がいたので、距離を聞くと、

「ラス・エル・マは七〇キロ先、ボカバラまで五〇キロで行く」

という。朝、テントで会った男は夕方には着くと言っていたので驚いた。二日の朝に到着するつもりでいた。

すぐ西へ向かったが、北方向へウシの足跡があったのでそちらへ行く。日暮れに井戸に着く。誰も人はいず、カンの中に茶色の水があった。手のひらですくって飲むがまずい。サーハビーが全部飲んだ。

斧で木を折る音がNNEよりする。そちらへ行く。二、三キロでテントに着いた。ハッサニア語が通じず、困っていると、幸い、一人の男がカタコトのフランス語を話す。

ここで食事をとり、ラス・エル・マはどこかと聞くと、東を指し「一二キロ」という。黒人は七〇キロと言った。おかしい。彼の言うことは信じず、ともかく東へ向かう。

タイヤの跡が南東へ向かっていたので、その上を行くと一本の道に出た。東へ向かうと、それがさらに二つに分かれる。東をとる。一時間も行くと井戸があり、ドンキーが七頭群れている。水を入れ、男に聞いた。ラス・エル・マは北だという。まだ三〇キロはあるものと思い、五時半まで走らせた。しかし、何も見えない。やむをえず野宿。

今日三日。七時に起き、飯を食う前に破れたズボンをはき替えた。出発して一時間ほど歩くと井戸。ここでまたラス・エル・マの方向を聞くと、今来た方向を示し、真っ直ぐ行けという。しまった！　来すぎてしまったのだ。初めて気がついた。

四、五キロ戻った所に町があるという。急ぐと、白い砂がもうもうと吹き荒れ、ゴーストタウンみたいな町があった。目指す町とは違う。ガルガンドウ（Gargando）という砂漠の村だ。しかし、学校もあり、教師もいた。軍のチーフが来るのを待ち、スタンプを押してもらう。昼飯は教師のところで食べた。どこでも僕の旅行見聞記と食事の交換だ。食後、サーハビーを林へ連れていき、ボロ小屋に戻り、これを書いている。

タバコを七本ほど吸ったので、頭がクラクラする。マリのタバコはまずい。枯れ草を紙に包んだようだ。日本のハイライトが恋しい。教師の話では、トンブクツー(Tombouctou)には銀行はないという。金がなくてはうまい物が食えない。服はボロボロ、体は汗まみれ、頭は痛い、いいことなし。

ラス・エル・マはここから四〇～六〇キロあるという。適当に来たため、たどり着けなかった。残念。

反省。四方砂の海の砂漠では目標がない。目指す町はどこか砂丘の彼方に埋もれている。それをどうやって探しあてるか、むずかしい。これは人生の真実を探しあてるのと同じではないのか。砂漠の町はそれ自体が真実なのだ。

●四月四日

今、教師のところへ来ている。腹が減ってたまらない。トンブクツーに銀行がないと言うので、ガオ(Gao)に変えるつもりでいる。はたして、どうなることかわからない。金がないと困る。机があると書きやすいが、少々面倒くさい。止めた!

——ひたすら目標の町を目指し、太陽にさらされ、酷熱の砂漠を耐えてきたのに、遂にめぐり合うことのできなかった〝幻の町〟ラス・エル・マ。そのことで気落ちし、僕は今ちょっと無気力になっている。四〇キロほどの距離だから後戻りすればいいのだが、僕の気持ちの中ではもうこれ以上後退したくない。それでいながら今安易に過ごしている。矛盾するようだが、それが僕の率直な姿だ。

しかし、安易さに甘えるな、とようやく自らを叱咤。重い腰をあげた。

四日。昼食前にクリニックへ行き、コレラの注射。それからコマンダンに呼ばれたので彼のオフィスに行き、質問のような雑談をかわす。その間、またサーハビーがいなくなった。主《あるじ》がズッコケているので、家来もトンズラしたらしい。しかし、教師が数人で声をかけてくれ、捜索協力者が大勢で来たので、それほど前みたいには心配しなかった。

ただ、盗まれたのならコトだ。

神経がどうも集中できない。何事にも真剣にならねばと思うが、オッチョコチョイでチャランポランなのはなおらない。もっと真剣になれよ、隆くん。

昼、地理と歴史の本を借りて、サハラの遊牧民の人口と雨量・気候などを調べてみたがフランス語の辞書がないので限界につきあたる。町に出る。サーハビーよ、お前はこの広いブルフのどこにいるのだ。不安が増す。

ここは小さな村なので、人びとは皆自由に他の人の家に入ってくる。そして、飯時で待ったりする。東京の団地の鉄ドアに閉ざされた箱に住んでいる人には、この感覚はとうてい理解できまい。砂漠の中の小さな村に住んでいると個人主義が発達していないために、ここではかえって人と人の心のつながりが深い。東京の生活といったいどっちが幸せなのか、僕にはまだわからない。

ここからは、トアレグ族の生活圏に入ったようだ。モール族と何となく顔つきが違い、感じも違う。早くタマシェックを覚えなくてはならない。単に通り過ぎの見聞ではなく、彼らと接して、彼らの考えなどの精神構造までその行動と人間性をより知ることができるように考えなくてはならない。

サハラを旅していると、自分がよくわかってくる。何をしてもそうだが、僕にはど根性というか、どたん場まで粘るバイタリティーがない。初めは勢いがいいが、困難になったり、疲れたりすると、ガタンとその意志力が低下する。すべてが中途半端なんだ。ダメな奴だよ。

もっと心の大きな人間になりたい。遊牧民というと、彼らはすぐ何でも「くれ、くれ」というので、無意識のうちに心に壁をつくって警戒してしまう。食糧や水が極端に少ないせいもあるが、それがクセになる、と他人を色メガネで見るようになり、自分にとって得になる人、損になる人、と人間を区別して見てしまうかもしれない。恐ろしいことだ。

トンブクツーで金が手に入ったら、お茶、砂糖などを多量にもち、世話になるテントの住民にわけてあげよう。銀行がないとなると、それもできない。苦しく、みじめで腹をたえずすかす旅になるのかと思うと、少々かったるい。しかし、これが青年の本当の旅なのだろう。金をバラまき、ホテルのアポイントメントをとり、何でも金で解決していく大人の旅なんて、クソくらえだ。

人間には与える人と与えられる人とがいる。たえず、おごってもらってばかりいる人間は、調子がよく、相手の顔色をうかがうような人になってしまう。与えるほうは、積極的だが高慢だ。

何を言いたいのか？　要するに、他人におごってもらおうとばかり思っては乞食根性になるし、与えてばかりでもダメ。ギブ・アンド・テイクの関係が必要なのだ。

どうも僕は理論がないので、かなり困る。頭が悪いのか、考え方が悪いのか、思考に深みがない。オッチョコチョイの性格が考えることにも影響し、あまりにもズサンすぎる。これで、地球の空気を吸いはじめてから二十一年です、とは言いにくい。人間革命という言葉がある。思うのみでは成らず!

●四月五日

朝食後、サーハビーを捜しにいく。若い男がヒモを持ってきたので、二人して一キロばかりの円を描いてまわり、村が見える西側で足跡を発見。たどって行くと、いた。サーハビーがいた。わが友と再び一緒になり、水を飲ませ、昼食後、出発の準備。

二時にビューローへ行き、スタンプ。そして出発。三人の教師が五〇〇メートルほどついてきて、見送ってくれた。

いよいよ、別れの握手をするとき、泊めてもらった教師が一〇〇〇MF(七三二円)を握らせようとして言った。

「あなたの旅は長い。何かの役にたとう」

僕はあわてて固辞した。

「思いもよらぬことです。食事と宿泊させてもらっただけでも十分にありがたかったのに、金をもらうわけにはいかない。金は物を売ってでもつくれます。それが僕の旅のしかたです」

彼らは感動した顔で納得してくれた。

金をもらうとクセになる。彼らの親切な行為には、遊牧民と長い間一緒だったので驚いた。金はノドから手が出るほどほしい。しかし断った。断ることは勇気がいる。あえて断り、自立心を養うつもりだった。負け惜しみではないぞ。

二五キロのアパルマレーヌ（Aparmallale）には日没前に着いた。ゴザで円形の家があるのみ。湖の近くに集まっている。空家もあったので使わせてもらうことにした。ここの人はみな親切。二カ所から食事が運ばれてきた。

●四月七日

今日で三日目。あまり暑いので、湖に泳ぎに行く。しかし、遠浅なので体を濡らしただけ。三時半までそこの日除けに寝て、今日は五、六キロ先のボナ（Bouna）に来て病院に泊まることにする。サーハビーのエサが心配。畑から持ってきた。鼻輪が切れた。シャックリらしきものを連発する。ちょっと心配。

ボナの病院。洗濯。丸首のシャツとジーパンとターバン以外は、ここの病院と先生三人の召使い女が洗ってくれる。体は水で軽く洗った。夜までは地図をみたりしながら、ボケーッ。夕食は八時。テーブルを表に出し、たらふく食った。この村では彼らがもっともぜいたく。副食を魚とヒツジの肉にしたご飯が二鍋。なぜだか、おのおのの食事は、異なる三軒の家から運ばれてくる。その夜は、玉子が五個手に入ったので、油で焼きパンにはさんで食った。久しぶりでうまかった。

夜は十二時頃まで、村の中を四人してブラブラ歩く。どうやら女性を捜していたみたい。

●四月八日

熟睡でき、目覚めは快適。パンとココアの朝食後、サーハビーに乗り、ブルッスにある一・五キロほど離れた人口一〇〇人ほどの村に行った。木陰でゴザを借り、フランス語を十一時頃まで勉強。発音をメチャクチャに間違って使っていたことがわかる。

バカさ加減に頭にきて、砂の上を裸足で歩いたら、アチチのチ。火傷しそう。砂の熱いこと熱いこと。玉子焼きくらいはできそう。

昼食にトマトが一個食えた。何日ぶりの野菜類だろうか。まさに珍品。少しずつ味わった。壊血病よけには野菜が一番。

午後。子供たちに汽車のことを説明してみたが、とうとう彼らには理解できなかった。汽車はおろか、海の上を走る船、空を飛ぶ飛行機など、どう説明しても、現物を見せないかぎり、理解させることは絶対に無理だろう。

それからは村で写真を二枚撮り、家の中で『坊っちゃん』を読む。歌の本もほとんど使ったので、次にケツをふく紙を補給しなくてはならない。『雪国』はガルガンドウに着く二つ前の井戸に忘れた。大変にもったいないことをしたと、今でも残念。

このところ、やたらとインドカレーのような糞が出る。タバコと水をたっぷり飲み、たらふく食うので無理はない。オレは食べものに関しては他人よりも自制心がなく、底知れずの胃袋は人の一・五～二倍は楽に入る。食べることのみに生きる家畜と同じで、もっとも動物に近い人類に属する。その点からも食いだめできるラクダのサーハビーは「わが友」だ。実感。

日没前、少し暑さが去ったので、村はずれの砂丘へ行き、村の若者たちに空手を伝授した。相手は四人。

「キエーッ！」

奇声を発して宙に飛びあがり、足を蹴ったりしたら、みんな目を丸くして尻もちをついた。ドクターのザンカとパラダ、ムレンはもの覚えが悪い。シェックはまあまあ。といっても、僕も基礎以外には知らないから、上等な先生とはいえぬ。

――居心地がよかったせいか、僕はこの村で十日まで滞在してしまった。サーハビーが四日間ほど下痢をしたこともある。草が違うためか。

その間、ぼくは北極旅行のことを思った。砂漠が暑いせいかもしれぬ。しかし、この北極探検も僕の見果てぬ夢の一つなのだ。誰か日本人が極寒のルートをたどりつくまでは、消えそうにもない。何でもやらないことをやりたがる僕の性格だから、しようがない。

でも、僕の体は寒さに弱い。それを先に解決しなければならない。食糧も今の旅に比べてさらに条件が悪い。パートナーも三人必要だ。こっちはプラス四十度。あっちはマイナス四十度。日本に帰ったら、世界中の民族音楽を集めるというプランができた。

しかし、オレは何を考えているのだ。白昼夢のようなものばかりみている。まず、この旅を完全に終了する。それから日本へ帰って検定と受験をちゃんと成功させる。それでないと、僕はいつまでも人生の浪人だ。北極はそのあと。思考停止して、いざ出発。トンブクツーは近い。さらに暑さをます太陽に負けないくらい、情熱を燃やし、勝利は己の手でつかむべし。わが命を、このような旅で失うことは、この二十一歳の青春があまりにも惜しい。

僕はまた出発した。十日の午後四時二十分に出て、二時間四十分歩き、ツカバンゴ（Tukabango）に着く。月の出る九時まで休憩。ビンタゴンゴまで七キロというので、そこまで急ぎ、野宿。

このビンタゴンゴで水を補給し、東へ向かって前進。しばらく行くと、もう足跡は何もない砂丘。十一日、十二日と砂漠を歩んでは休み、十二日の午後三時から四時四十分頃まで進むと、はるか彼方に空港の管制塔らしきものが見えた。

（トンブクツーの空港だ）

勇気が急にみなぎる。それを目標に進むことにした。しかし、目前にしてサーハビーが動かなくなった。トンブクツーまで二キロの場所だ。テントがあったので、やむをえず泊まることにした。

ビンタゴンゴよりトンブクツーまで直線八〇キロ。曲線で進んだとしても八五キロ。走らせた時間六時間。歩かせたのは七時間。走りを時速七キロ。歩きを四キロと思っていたが、この時間と距離から計算すると、走り時間八キロ、歩き五キロだとすると八三キロでほぼピッタリする。ご苦労、サーハビー。

テントには老婆と女の子と男の子がいた。残っていた三食分の米を老婆に炊いてもらい、朝飯用に少しとってから、半分あげた。ラードをソースとして食った。

そして、少し仮眠したあと、朝早く出発。三十分もしないうちに、トンブクツーの町に着いた。長い間思いこがれてきた町にとうとう足を踏み入れたのだ。

マリ共和国の首都はニジェール川左岸にあるバマコ（Bamako）だが、このトンブクツーはかつて十一世紀頃から、砂漠をゆくキャラバンの連絡点として栄えてきたところ。そして十四～十六世紀頃には最盛期を迎え、西アフリカ最大の町となった。

いつか、トンブクツーは〝幻の都〟としてヨーロッパ人の深い興味をひくようになり、十九世紀になると、ルネ・カイエ、ハインリチなどという探検家が相次いで訪れはじめ、少しずつその町の全貌が明らかにされるようになった。

そして今、二十世紀、僕はついにこの〝幻の都〟に到着した。ラス・エル・マは〝幻の町〟として砂の中に埋もれたが、砂漠の民たちが栄えては滅んでいった最大の都は今、幻ではなくなった。これが旅の喜びだ。単調な旅の連続のあとだけに、その興奮は大きい。僕は町の中へ急いだ。

孤立無援、もう一銭もない

ここに日本からの郵便物が届いているはずだ。旅を続行する上で必要な金も、このトンブクツーに送られてくる手筈になっている。すぐ郵便局へとんだ。

数分後、絶望のなかに僕はいた。郵便物も金も届いていない。どうしたことだ。何度調べてもらっても、僕あての郵便物はなかった。連絡がつかなかったのか。これからの旅はどうなる……。

しばらくここに滞在して待つほかはない。気をとりなおし、警察へ行き、滞在延期の手続きだけする。警察の前まで行ったとき、呼びとめたポリスが威張りくさる。この国は一九六九年に軍人内閣になったためだろう。そこの前にある木陰にサーハビーを止めていたら、警察の奴が、「ランドローバーを止めるから移せ」と威丈高に命令する。気がむしゃくしゃしていたので、その態度のデカさになお頭にき、少しずらしたばかりで知らんぷりしておいた。

トンブクツーは人口三万人、空港もあるだけに、いろんな人間がいる。アメリカ人のペアに会った。マルシェ（市場）の近くでドイツ人の女性にも会った。しばらく町をぶらつき、北側へ行くと小学校があったので、一時半から三時まで休む。それからルネ・カイエなどの家を探して歩く。四人の探検家の家はすぐにわかった。僕の大先輩だ。敬意を表して写真を撮り、モスク（回教寺院）も写す。

町の広場に市長の家があったので、その前で撮影、トンブクツーへ足跡を記したという証明にする。

シャッターを押してくれたのはフランス人たち。男三人、女一人。セネガルのカオラックよりきた教師たちで、砂だらけ、汗まみれの姿をみて、話しかけてきた。

「どこから来たのか。日本人は珍しい」

「ヌアクショットからラクダでサハラを横断し、ここまで来た」

僕がそう言うと、いっせいに歓声をあげた。

「珍客の到来だ。乾杯しようぜ」

たちまち国際親善の交流が始まった。

彼らは、ホテル（Campment de Tombouctou）のバーへ案内すると、レモネードをおごってくれた。

「モーリタニアの金を換金してくれないか」

僕が頼むと、手紙をバマコから送ってよこすという。

「それまでの間、これを使うといい」

そういって、一〇〇〇ＭＦ（約七三円）くれた。マリの金が一銭もないので、今度はありがたく頂く。お礼にバーを出て、二人の男をサーハビーの背中に乗せてあげた。うまく乗ってくれず、サーハビーが走ると、体が傾く。イヤダ、コワイ、イヤダと言いながら、喜ぶ。四人で記念の写真を写し合った。

間もなく、彼らと別れて出発。レストランに入る。ご飯はなく、ビーフステーキのみ。高すぎる。町はこれだから嫌いだ。そこを飛び出し、パンを買いにいく。もらった金を出したら、ＭＦは古い紙幣なので使えないという。ついていない。

どうしてもあきらめきれず、もう一度郵便局へ寄る。ガオへ手紙を転送するよう頼んだ紙を入れようとして寄ったのだが、局員がいたので、もう一度「手紙は来てないか」調べてもらった。そしたら、やっぱりあった。コウスケからの手紙が一通きていた。だが、一〇〇ＭＦ払えという。やむを得ず、さっきの金を払うと、切手にスタンプを押してくれた。また一文なしだ。

金がない僕に長居は無用。すぐ出発。二キロほど行くとキャンプがあり、そこのテントで泊めてもらうことにした。

そこの主人はフランス語が話せ、タバコを二本あげると、喜んでくれ、お茶のあとご飯が出た。わざわざつくってくれたのだ。涙が出るほどうれしかった。人の情というものが身にしみる。

「多すぎます。一緒に食べてください」

と言うと、主人はニコニコして、

「いいから食べなさい。多かったらケットルに移して、あとで食べなさい」

僕はその厚意に感謝した。ミルクも一・五リットルもくれた。足がだるかったが回復。出発のとき、アリナミン六つとニバキンを二つあげる。また、出発だ。

●四月十四日

ルートに従って歩く。夕方五時近く、十二、三歳の少年に会う。ひたすらスタスタ歩いていくのでかわいそうになり、サーハビーに乗せてあげる。一時間ほど走らせたら、日没前に彼の家に着いた。小屋が三つある。荷物をおろしたら、少年の父親がきて、玉の首飾りを持ってきて「買わないか」という。冗談じゃない、一文なしだ。親はケチンボ。しかし子供は親切で、「食べなよ」といってニジェール川からとった小魚を持ってきてくれたので焼いて食う。子供が頭からバリバリみんな食べたのでビックリ。

●四月十五日

ミルクを少しもらい出発。八時から十時まで歩いたら村があったので、小休憩。赤いブーブーを着た男が話しかけてくる。漁師だという。

マリ共和国は、国の南部をニジェール川が、南西部をセネガル川が流れている。ニジェールの漁師が「手伝わないか」というから、彼の平底船に乗り、彼が投網でとった魚をズダ袋に入れる役をした。獲物は一回に四〜十四。昼に三匹、午後三匹、夜二四、フナぐらいの大きさの魚を食った。砂漠で魚を食えるのはここくらいだろう。

その家に一泊。棚兼椅子の上で寝た。主人に下剤、奥さんにクレオソートを進呈。

●四月十六日

朝、八時二十分から十時まで走る。地割れが多く、サーハビーは苦しそう。村に着く。モハメド・アリという男に呼びとめられ、昼食をご馳走になり、三時すぎ出発。川沿いに進む。テントに一泊。

●四月十七日

おかみさんに水色のコップをお礼としてあげ、ニジェール川で渡れるところはないか、と尋ねたら、「自分も対岸へ行くから一緒に案内する」という。そこで同行。浅瀬のところで、彼女はお尻をヒョイとまくり、渡っていった。サーハビーの口をロープで縛り、引っ張る。ビクともしない。ついにあきらめ、また川沿いに走る。

砂丘をのぼったところに家があり、フランス語を話す老人がいた。昼から、もうそこに泊まることに決めてしまった。

彼はアルジョマ・マイガという。年を聞くと「五十から六十の間」と言う。そして一九一六年の生まれだと言ったので、計算して正確な年齢を教えてあげた。フランス植民地時代に十五年の軍務についたという。ソンガイ語を教えてもらう。また彼は、「砂漠では何があるかわからない。昼と夜は現地人の家に飛び込め」

とアドバイスまでしてくれた。

●四月十八日

朝、同じ方向に行くマイガを後ろに乗せ、四キロほど前進。そこで降り、彼は槍を片手にノーマッドのいるブッシュへ入っていった。

「一キロ先の村にバカイという男がいるからそこで飯を食っていけや」

最後まで親切なジイさんだった。

八時に村に着き、バカイに会ったら、ちゃんと十二時に魚入りのライスをたっぷり持ってきてくれた。

午後四時から七時までたっぷり走り、テントを発見。するとラバに乗った男が来てフランス語で、これまた親切に誘う。

「ここではフランス語を話す奴はいないからオレの家に来い」

好意に甘え、二キロ先の彼の家に行く。思ったより裕福ではない。元フランス軍にいたと言い、各国を回ったとか。
「なぜ、オフィスで働かないのか?」
「なぜって、字が書けないからさ」
いたってアッサリしていた。

●四月十九日

六時出発。二時間半でアダルースの町に着く。川が流れている。しかし、サーハビーの渡れる場所はなく、どのくらいの深さか、黒人に聞いたら、頭よりははるかに深いとジェスチャーで示した。

やむをえない。また一時間行く。カベリという小さな村があり、学校らしき家があったので寄る。ちょうど授業が終わったところだったので、三人の教師の家へ行き、昼食。ババ・アハメッドという人が校長でタバコを一箱くれた。ピーナッツと蛙の干し肉もくれた。

三時三十分にカベリを去り、五時四十分まで走る。さらに一時間。また七時半より九時半までフラフラと歩かせた。

空に月はない。砂丘が黒々とし、ときおりある木がお化けのように見える。ヒタヒタと音がする。人にあとをつけられているような無気味さが背筋を走る。このところ、人の親切にばかり甘えてきたので、急にひとり旅になると被害妄想にかられる。しかし、闇夜の砂漠ほど孤独で寂蓼感に苦しめられるものはない。人が恋しい。眠れない。

●四月二十日

六時半まで三時間しか眠れなかった。ドンキーに荷物を積んだ三人の男に「サラマリコムム」と言われ、目が覚める。出発。走りづめに走り、バンバ（Banba）に到着。ババ・アハメッドの紹介してくれたモクタールという男に会う。歓待してくれた。パンと串肉を二つ、それに玉子入りのミルクをすぐ出してくれる。サーハビーにも食事。夜は外で寝たが、よく眠れた。髪を短く切ったせいかもしれない。サバサバした。

●四月二十一日

朝、僕だけに玉子焼きをつくってくれた。モクタールと他の三人の男は、ラードにお湯と砂糖を混ぜたものにパンをひたして食う。どうして砂漠の人たちはこう旅人に親切なのか。旅人への親切はいつか自分が旅したときにかえってくる。彼らの深い愛情を感じる。それに比べたら、自分の利益、目先の損得しか考えない今の日本人はエゴイストで、他人への愛なんかひとかけらもない。モクタールは「ガオではブーレムという男を訪ねるとよい」と紹介してくれた。

――マリへ入ってから僕は、今まで砂漠をひとり野宿し、人の愛に飢えていたかのように、村やテントがあると必ず立ち寄ってしまう。悪いクセだ。そのため大幅に遅れている。水が不足していないかぎり、勇気をふるいおこして進まねばダメだ。暑くとも疲れていても、サーハビーに乗れば、一日の目標はある程度こなせる。

サーハビーはこのところ小走りに、時速七・五キロは走る。一日に五〇キロとして、朝三時間（7キロ×3＝21）、一時間の休みののち二時間（7×2＝14）、昼より夕方まで休み、さらに三時間（7×3＝21）。そうすれば五六キロ。道のないところでは曲線を描くが、それでも五〇キロは走る。この一日の小さな積み重ねが、一日でも早くポート・スーダンに僕を運ぶことになる。何が何でもポート・スーダンまで着かなければならない。早起きと、自分の怠惰に勝つこと。とにかく、ガオからアガデェス（Agadez）までは一カ月で走ろう。

しかし難題が一つある。資金がガオに届いているかどうかだ。ただ祈るのみ。

翌日から真面目に走り、二十五日にはボウレム（Bourem）より西へ二五キロの村までたどり着いた。ガオまではあと五日の距離だ。ここでは砂漠の中なのに漁ができる。

●四月二十五日　タウサの村

夜九時頃、男たちが漁に出ている東一キロの岩場まで子供たちと行った。一人の子は手に鍋をもち、頭に焼魚ののった皿をのせ、岩場を平地のように進む。僕はただ唖然として見ている。

●四月二十六日

朝、粒々のオートミール。魚を二匹もらい、煮て食う。昼は泳ぎ、夜は再び漁。しかしニジェール川を旅してこのところ下痢続き。体力に影響するし、紙が減ってしようがない。

●四月二十七日

泳いで、下痢の糞をし、四時十五分にブレム（二五キロ）へ向かって出発。皆が集まってきた。数人の奥さんが「今日も泊まって行きなさい」という。しかし、これ以上は滞在できない。出発。サーハビーの走りは悪く、思うように進めないが、夜八時少し前に着き、ジャルダル・メリー・ナショナルに泊まった。
●四月二十八日
フラフラと進み、七頭のキリンを写真に収めたりしながら村にたどり着く。昼は四十五度の猛烈な暑さだ。サーハビーも疲れている。今日から下痢防止のため水を飲まなくした。早くガオに着きたい。早く金を受け取って出発しないと時間ばかり失う。
●四月二十九日
この日、サーハビーは五〇キロ走った。一〇キロ走ったあと座り込んだのには頭にきた。それ以後、絶対に座らせずに打ち続けた。恨むなよ、サーハビー。ガオはすぐだ。
●四月三十日
川沿いに行くほうが近いというので、朝八時に出発。一時間走り、また二時間歩き、シュロの陰で休み、そして午後二時半、ガオにゆっくりと入った。

町の入口の手前二〇〇メートルの所に、二つの円形小屋があり、その前に日干しレンガの家がある。まずサーハビーをねぎらって水を飲ませ、その家に荷物をおいてガオの町に足を踏み入れた。

――ガオはマリの東部の代表的な町。僕はこのガオにすべてを賭けていた。ここに金が届いているはずだ。ＢＯＭへ行った。

またも深い絶望の底に叩きのめされた。金は届いていない。郵便局へ行ったが、手紙も一通も来ていない。砂漠のなかで、ただ一人見捨てられたような気がした。アッラーの神よ、なぜわれを見捨てたもうか、大地に伏して祈りたいほどだった。気持ちが絶望の底へ、暗く暗く沈んでいる。金はもう一銭もない。トンブクツーで裏切られ、人の情にすがってここまで希望を持ってたどり着いたのに、ガオで僕を待っていたものは何もない。トンブクツーで会ったフランス人が送ると約束していた手紙も来ていない。ガックリきた。立ち上がる気力もなかった。旅をどうやって続けるか。とにかく待つしかない。

砂漠のテントと違って、待つにも金がかかる。金をつくらなくてはならない。しようがないので、学校へ行き、教師に「エンピツ入れを買わないか」と言った。誰も買ってくれない。しょぼしょぼと帰ろうとしたら、哀れに見えたのか、一人の教師が一〇〇ＭＦ（約七三円）出した。同情を受けるのはつらかったが、僕は手を出した。赤いサインペンをあげた。僕の精一杯のプライドだった。

誇り高くあれ、隆くん。でも今は、耐えよ。翌日はメーデーで町は休み。しかし、僕は写真屋を叩き、カセットを見せ、「売れないか」と言った。そうしたら、うまいぐあいに八〇〇MFで売ってきてくれた。そのうえ、パンを一本、彼がくれた。

金が少しできると、僕に笑顔が戻った。まったく現金なものだ。十一時頃、レストランへ行き、一番安いサラダを一皿食った。それから元気を出し、三年前に立ち寄ったアメリカ人の所へ行ってみた。知らぬ人だった。

安ホテルを教えてくれたので、そこへ行くと、アメリカ人、フランス人、スイスの男、黒人女、一人旅のカナダ人などがいた。すぐ友だちになり、今からバーへ行くというので一緒に行くことにした。

その前、ニアメーに行くという女性に手紙を託した。

ガオでの生活は、金を待ちながら、外人の連中と何となくつき合って暮らす、青春のはかない日々だった。暑いので、川に泳ぎに行った。僕は真っ先に海パンになって泳いだが、連中は素っ裸、フランス女性のクリスまで素っ裸なのにはびっくりした。

しかし、ここでもっとも衝撃的だったのは、四カ月前に、四人のイタリア人がランドローバーでタマナラセットより下り、アガデェスの北側で死んだという話を聞いたときだった。井戸から四キロ手前、そしてピストより四〇キロ東。あそこで事故を起こそうとは、よほどニブイ連中だったのだろう。信じられなかった。ちょっとした油断が砂漠ではたちまち死に直結するのだ。

三日。郵便局、銀行から何もなし。夜は金がないので遊牧民のところへ泊まる。イタリア系アメリカ人のサルバトーレもその一人。彼とはうまがあい、僕の金が届き次第、一緒にラクダで行くことにした。

四日も無為に過ごす。昼飯は、アラン（フランス人）がミートとサラダとコーヒー代を払ってくれた。夕食も。彼が出るまでに金が届いてほしい。夕方、カナダ人のダニエルがアドラルへ発った。フランス人のペアが二日前に車で来たが、黒人を含む前の四人は三日前に発つ。

夕方、サルバトーレとアメリカ人ミッショナリーの所へ行ったとき、珍しいものを見た。そこに『ナショナル・ジオグラフィック』があり、三月号に森田勇造氏が出ていた。

五日。サーハビーに水をやり、レストランでライスをとる。今夜、アランたちは再び泳ぎに行くので肉を買いに行き、クリスは朝の飛行機でバマコへ行った。世界から集まってきた若者たちが、砂漠の町ガオで、めぐり合って、また去っていく。ほろ苦い別れの気分が、旅をさらに印象づけた。しかし、僕は無為に過ごすことは許されないのだ。もう何日こうしているのだろう。

カナダ北部の氷の上を、二人のエスキモーと横断したイギリス人がいる。二五〇〇マイル（四〇〇〇キロ）を五カ月半かけて横断した、彼の旅に比べて、僕の旅はまったくだらけ切っている。意志力ははるかに彼のほうが強靭だ。ガオより先はもっと厳しくなる。もっと慎重な行動をとらなくては危険だ。外人の金持ち連中のように、いつまでも青春の哀歓とやらに浸ってはいられない。

五月七日。珍しい人に会った。モーリタニアのジュンで会った萩野洋一氏に再びばったり会ったのだ。これからニアメーへ向かうという。その小型バスが九日まで延びたので、久しぶりに一日中、日本語で話していた。

サルバトーレは結局、アルジェリアへ行くことになった。萩野氏も九日、小型バスでガオを去った。

十二日。サーハビーに水を与え、銀行へ九時に行った。二十六日発の手紙がヌアクショットから来ている。金が届いていないという返事だった。郵便局は何もなし。何のために今日まで二週間近くも待ったのか。すべては徒労に帰した。もう待ってもムダだ。

「やっぱり行くのか」

アランが寂しそうに言った。

「よし、お別れパーティーだ。何か探そう」

二人で飛び出したら、ちょうど肥溜に落ちたニワトリがいた。アランと釣りあげ、川でよく洗って、トマトケチャップと油で煮て食った。少し臭かったが、ナニこれこそ珍味だ。それから夜、ツイストバーに二人で行き、二本のビールを飲んだ。ジーンと五臓六腑にしみわたる思いだった。

「命だけは粗末にするなよ」

アランが黙って僕の肩を抱き寄せた。

十三日。旅の準備を始めた。町の写真を撮って歩く。アランも一緒だった。砂丘でちょうどアランの写真を撮ったあと、突如一瞬のうちにして周囲が真っ暗になった。アランの姿が消えた。目をあけていられない。

「砂嵐だ。伏せろ」

僕は見えないアランに向かって叫んだ。

町の東側に五〇〇メートルほどの砂嵐が数キロの幅で襲ってきたのだ。真っ暗。目をチラッと開けても何一つ見えない。自分の手すら見えない。もうもうたる砂煙が通りすぎていった。二十分しても、まだ微かに空と家との区別ができるだけ。僕とアランは全身砂だらけで立ち上がった。

「砂漠の真ん中で、あんなのに巻き込まれたらイチコロだな」

アランがショックから覚め、ようやく口をひらいた。僕もあんな砂嵐を見たのは初めて。恐ろしかった。砂漠ではテントも人もラクダも一瞬のうちにのみこむ砂嵐は稀ではない。

「タカシの門出に不吉な砂嵐だ。少し出発を延ばせないのか」

アランがそう心配してくれたが、僕は首を横にふった。もう心に決めている。三時間すぎても、風と粒子の細かな砂が舞っていた。出発は明日だ。

炎熱地獄、死の前進

「ないよりはましだろう、遠慮するな。タカシ、成功を祈るよ」

別れる際、アランがそう言って一〇〇〇MFにぎらせてくれた。胸がジーンと熱くなった。ガオで人間らしく生きていられたのも、何とか出発できるようになったのも、すべてアランのお陰だ。

彼の友情に応える道は一つ、サハラ横断を成功させることと、アランが日本に来たとき十分に面倒をみてあげることだ。

ラーヘリが故障していたこともあって、ガオを出発したのは十六日の一時頃。僕はサーハビーの背に乗り、アランやダニエルたちと青春の数日間を共有した哀歓の町ガオをあとにした。

遅れた分は急がなければならない。すぐ北へ一五キロ進み、やがて東へ方向を変え、二一キロ前進したところで村（Kak）へ着いた。村は小さい。日没後は真っ暗で何も見えない。心細かった。幸い、親切な教師がいて、小屋に泊めてくれたので助かった。

●五月十七日

出発前、ゲルバに穴があいていたので、新しいのを買う。一〇〇〇MF。アランからもらった金はこれで消えた。ロープももらったので一安心。教師の話では、イメナス（Imenas）までの六〇キロ間に二つの井戸があるという。一五キロ先にタカラファの井戸、三〇キロ先にアグデランタの井戸。

昼は猛烈に暑い。肌が灼熱の太陽で灼けつく。砂はジリジリするほど熱く、ノドがカラカラに渇く。食欲はまるでない。水ばかり飲む。一日に五リットルも飲んでしまった。暗くなってから、砂丘の彼方に光が見える。黒人の遊牧民のキャンプに救われた。テントが五つ。彼らは親切だった。

十八日。道があったので、それに沿って行くと、昼前にアグデランタの井戸に着いた。すぐ裸になり、体を洗う。砂漠での水浴びは実に爽快だが、水がすぐ肌から蒸発してしまう。それほど暑い。また炎熱の中を出発。道がわからないので、とりあえず東を目指す。畑が見えてきた。畑といっても、もちろん日本の畑とは違う。

人がいたので三時まで休憩。ドロドロの飯を出されたが、まるで食欲がない。フラフラと東へ行く。途中、三回ほど方向を教えてもらい、ダーツをあげた。

夕方から足跡が見えはじめた。少し元気が出て、あとを追うと二カ所に光がある。北側へ行くとテントが五つあった。そこで飯を食ったら下痢。

十九日。米をコッフェル一杯に炊き、食べて出発。体調、最悪。イメナスの井戸に着いたので、ゲルバに水を入れ、小休止しながら井戸に寄る人たちから情報を集めた。四つある水溜めのうち三つはコンクリートが壊れていた。井戸に来る連中が、しきりに僕の頬を指でつっつく。最初、親愛のしるしかなと思ったら、「食べ物をくれ」という要求だった。もらいたいのはこっちのほうだ。

東側に少し緑の森があり、そこにも井戸が数カ所掘られていた。東へ出発。一〇〇キロほど先にエッセルの町がある。そこを目指す。昼、一時間ほど昼寝。サーハビーは歩かせているが、時どき、水を飲ませるために座らせる。サーハビーも苦しそうだ。

午後三時頃、テントを一つ見た。人が来てまた指でつっつく。砂糖ないか、と言う。断る。七時半頃、砂利の所で野宿。

二十日。七時前に起きる。マッチを持って来ていないことに気がつく。しまった！　と思ってももう遅い。米、水、薪があっても飯を炊けない。やむをえず出発。砂利が多く、サーハビーがよくつまずく。昼、水を飲んで昼寝。夕方、雨がきた。砂漠は乾期と雨期にわかれ、雨が降るときは猛然と降る。しかし、中心から外れていたせいか少なかった。この程度なら干天の慈雨だ。服が濡れたので気持ちがいい。

とにかく火がいる。岩山があったのでそこに登り、たき火を捜そうとしたが、人の影はまるでない。ガッカリしてノロノロ前進。二キロほど進んだら、偶然ラクダの大群に出合った。三人の若者が率いているラクダは五十頭以上。彼らは刀を持っている。

「どこへ行くのか」

と尋ねたら、彼らの一人がタラタイ（Talatai）へ行くと言う。方向は六十度。

「今夜はここで俺たちは寝るが、ジャポネもどうだ」

と誘ってくれた。僕もそうすることにし、彼らが荷物をおろすのを手伝ってやった。すると、日没後に彼らがミルクを二リットルほど持って来てくれた。

二十一日。彼らに先だち出発。六十度の方向へ進む。岩場を越すと、ラクダに乗った人に出合った。念のため方向を確認。

道がクニャクニャと続くが、井戸らしきものはない。進む以外にない。四時間前進。ようやくラクダを見た。ウシもいる。井戸か家のある証拠だ。一安心して目をキョロキョロさせて捜すと、今度はヤギの鳴き声がし、その方向に行くと、子供が三人いた。

ちょうど移動直前の連中だった。左側に二個のわらぶき小屋がある。すぐ中に入り、出発前の主人と握手して、たき火をつくってもらった。鍋も借り、米を炊いた。これを半分ほどお礼にあげたが、塩だけの飯なので味はまずい。

彼らは出発。僕は二時間ほど小休止し、それから六十度の方向へ三時間進んだ。砂の丘の間に井戸があったのでまた休憩。そこで会った男が「五〇〇メートル行くと村がある」と言う。タラタイの村だ。午後三時十五分に着く。

すぐコマンダンにパスポートを見せ、「一泊したい」と言うと、使っていない家へ案内してくれた。サーハビーをはなしてやり、ぼんやり寝ころんだ。体の調子がおかしい。

夕食は、ガトーと牛乳が運びこまれてきた。それをご馳走になり、夜はお茶を飲んで、これまでの旅のできごとを話す。僕がお礼にできるのはこれだけだ。

二十二日。えらいことになった。サーハビーがいなくなったのだ。昨夜、久しぶりに家で眠れたので、サーハビーもはなしてやった。少しは自由にしてやらないと、サーハビーの体がもたない。砂漠では誰でもそうする。ところが今朝、七時半頃起きて捜しに行ったら、サーハビーがどこにもいない。

あわてて西側の井戸まで行く。一頭ずつ白いラクダを見て歩くがサーハビーはいない。少し青くなって、元の所へ戻ると、東側にいるのではないか、と言う人がいた。そっちへ飛んで行く。北側の森から東側へと歩いてみたが、やっぱりいない。砂丘へも登ったが発見できない。

いったん家に戻り、そこの若者に救援を仰ぎ、再度サーハビーを捜す。絶望が濃くなってきた。盗まれたのではないか、という疑心暗鬼にもなる。

ところが、若者は楽天的で、僕からロープを取りあげると「一人で捜してくるから、家に帰って寝ていろ」という。

しかし、不安で寝ているどころではない。わらぶき小屋住まいの住民が、北側へ行ったと言うので、また一・五キロほど真っ直ぐ行ってみる。緑のザーブルがあり、トラスをみたので、たどって行くと、別のラクダだった。ガックリくる。

十二時になった。サーハビーはいない。捜しようがない。やむをえず、家に戻り、飯を食い、ぼんやりしていた。サーハビーがいなくなったら、旅はどうなるのだろう。そんな不吉なことばかり頭に浮かぶ。

「西側の井戸の先にいたよ」

若者が帰って来たのは三時半すぎだった。僕はとびあがった。サーハビーが帰って来た！　ホッと安心すると、疲れがどっときた。僕はサーハビーの頭を一発ぶん殴ってやった。

「この野郎、心配させやがって」

若者が、僕とサーハビーのそんな姿を笑いながら見ていた。

朝の七時半から午後の三時半すぎまで八時間。ラクダを捜しまわっても、砂漠の民は悠々たるものだ。少しも心配しない。それに比べて僕はもう絶望し、サーハビーを盗まれたと仮定して、次の対策まで考えている。日本人の性急さ、ねばりのなさが僕の欠点だ。砂漠を遊牧民と一緒に旅していても、国民性の違いはごまかしようがない、そのことを実感した。

物事をたえず悲観的に判断する人と楽観的に見る人がいるが、僕は明らかに悲観的に見るほうらしい。いつも最悪の状態を想像してしまう。すぐ次善の策を考えてしまうということは、一つの困難に直面した場合、徹底的にその困難を克服しようというねばりに欠け、すぐあきらめてしまうことだ。これでは大きな目標に挑むことはできない。

ともかく、サーハビーが発見されたので一安心だ。夕方、体を洗う。そこに、アホバという少女が来て、手紙を運んでほしいと僕に頼む。アガデェスに住んでいたことがあり、そこに今も家族がいる。来月の十八日に家に帰るという手紙だった。引き受けてやる。

明日、出発することにしよう。エッセルまで二〇キロ。二日半でまだ八〇キロしか来ていない。

結局、エッセルの町に着いたのは翌二十三日の午前十一時三十分だった。しかし、旅が大幅に遅れているので長居は無用。それに町にいると金がかかってしようがない。その金が第一ない。飯を炊き、ゲルバに水を補給し、二時半にはまた出発、東へ向かった。

東西に沿った岩地があるので、避けるために北寄りに進む。夜半までにゲルバの水が半分になった。八時頃、野営のたき火をつくったら（マッチだけはエッセルで買った）、南側にもぼんやりたき火の灯りが見える。一人の野宿は寂しくてかなわない。相手がいたほうが何かと心強い。二キロほど捜したが、たき火は消えていた。やむをえず野宿。食事は決して十分ではない。米に干し肉に塩。

二十四日。果てしのない、単調な旅がまた朝五時半から始まる。北側に足跡を見たので、井戸があると思い、進む。ドンキーが二頭、そのほうへ行く。案の定、緑の茂った所に数カ所の井戸があった。砂漠の中で緑のオアシスを発見すると、そこを動きたくなくなる。そうもいっていられない。サーハビーにも飲ませ、ゲルバにも一杯水を入れた。ところがそのとき、ゲルバの子宮の穴から水がチョロチョロと洩れていることに気がついた。どうりで昨日、早く水がなくなったはずだ。気がつかなかったら、砂漠の真ん中でえらい目にあうところだった。

井戸を離れて間もなく、男が走って追いかけてきた。トアレグ族の男だ。男は僕に追いつくと「今日は」と言い、それから「どこから来た」「どこへ行く」と続き、そして「食物をくれ」。これが彼らの常套手段だ。もちろん、断った。

十二時前。木陰を発見し、昼寝をしたあと昼食をとった。サーハビーにつくノミが寄って来て、かゆくて困る。東へ向かうが、やがてドンキーとラクダの足跡が北東へ続いていたので数キロ行く。夕方、今度は真東へ行った二頭のラクダの足跡を見た。あとを追うが暗くなったので野宿。上半身裸で寝たが寒さは感じない。しかしアリがたかってきたのにはまいった。

二十五日。朝五時少し過ぎに出発。サーハビーを一時間ほど走らせた。それから歩いて前進。足跡が北へ向かっていたので水があると思った。すぐヒツジを連れた真っ裸の子供がいた。子供はヒツジの向こうのほうを指さし、イヤ（Iya）と言う。数キロ先にわらぶき小屋があった。

そこで九時半に朝飯。どこへ行っても食物をたかられる。このあたりは極熱の地帯で貧しいのか。すぐ出発。一時間行くと再び小屋があり、七キロほど先に井戸があった。

そこにラクダに乗った男がフランス語を話すので、どのあたりかと聞くと、ティダルネン（Tidarnen）という。思っていた所より四〇キロ以上も北側なので驚き、ガックリきた。

やむをえず、彼と町へ行く。ティダルネンは家が十五戸ほどある町だ。コマンダンの家に行き、泊めてもらうことになった。
トアレグ族の女が四人来たので写真を撮ったり、ボールで遊んだ。無邪気なものだ。昼飯を食っていないのでこたえる。食事量が少なく、栄養が悪いので、疲労の度合が違う。脱力感がすごい。動くに動けない。

●五月二十九日　コマンダンの家で記す

二十六日。昨日の夕方、ヤギを一頭殺したので、久しぶりにたっぷりと脂ののった肉を夕食に食べた。朝には、コマンダンが皮でつくったラクダ用のムチをくれた。飾りが美しく、今まで見た中では一番つくりがよい。

サーハビーを捜している間、コマンダンと教師たちがランドローバーで三十数キロ南東のチナガイに行ったので、二時半に僕もあとを追う。途中、チナガイ方向へ行く男と会ったので同行。無口な男で、何もくれと言わないので気分がいい。男とは東の崖を抜けた所にあるキャンプで別れ、日没からは一人で南へ向かう。夜八時、反対側から来た老人が「方向が違う」と言う。いつの間にか道を間違えたらしい。東へ軌道を修正。数キロ行ったところで、あきらめ野宿。何のために、僕はチナガイへ行くのか、まったく意味のないことをした。こんなに衝動的に動くなんて、疲れている証拠だ。

二十七日。二日間タバコの吸いすぎ。頭がポカンとしている。キャンプに戻る。昨日の男がヨーグルトを持って来てくれた。何となく無感動にもらう。

今は、遊牧民にほとんど興味がない。ただ気になるのはサーハビーの体のことだけだ。少し年をとり過ぎているのではないか。十歳以前でなくてはダメだということがよくわかってきた。ヌアクショットで買ったときはあの男を信用していたのに。それとも酷使しすぎたのだろうか。

旅を順調に進めるためにはラクダを取り換えるか、十分な休養を与えるしかない。小走りに長時間走れないので歩かせているが、これではこっちの神経がまいる。アラビアのローレンスみたいにはいかない。

飯を食ったら気が変わり、二十八日まで出発を延期することにした。荷物をおろし、小屋の中で昼寝。フテ寝の気味もある。暑さのため、本を読む気にもなれない。

小屋に老女がいた。皮を出して何かつくろうとしていたので、ゲルバが破けていることを思い出し、修理をしてもらうことにする。子宮の所から漏れる。老女はその穴とケツの穴をナイフで切り取り、他の皮をあて、皮の糸で縫いはじめた。

午後四時頃、一人の男が来た。

「コマンダンたちの車がチナガイの井戸で故障したので救出に行く」と言う。僕も一宿一飯の恩義があるので一緒に行くことにした。

男は友人がいるとかで急ぐ。サーハビーの手綱を持ってラクダを走らせる。サーハビーはついていけない。情けない。数キロ行くとトアレグ族の太った男がいた。トアレグ族は痩せているのに、この男は珍しく太っている。軍人でもポリスでもないが、ライフルを持ち、キャンプ地を回っているらしい。フランス語ができる。その男も行くことになり、一緒に出発したが、サーハビーのペースが遅れる。彼らのラクダは走るのに、サーハビーは歩き、走り、のくり返し。しまいには座り込んでしまった。太った男が僕に後ろに乗れと命令する。男はそうしてサーハビーをひっぱって走る。しかし、これでは時間がかかる。

結局、僕だけ落伍し、近くのキャンプに泊まることにした。小屋が十戸ほどあるキャンプだ。「タバ・ア・タイ・スッカ」と言われる。意味不明。ラクダのミルクを一・五リットルと少量の飯をもらって寝ても、ヤギがうるさくて寝られず。

二十八日。チナガイはあきらめ、ゲルバを預けてあるキャンプに戻った。修理は完成していた。さらにガリガリのヒモをつくっておいてくれと頼み、十時にティダルネンに向かう。酷暑。体がフラフラする。体中の血が全部蒸発するみたいだ。水を持っていないので、やたらとノドが渇く。途中にキャンプがある。そこまでガマンしなきゃならない。ズボンの破けたところからはみ出している肌が、みるみるうちに灼けて変色していった。

五時間、死の前進。ようやく到着。コマンダンの家に荷物をおろし、ぶっ倒れるように横になった。やがて一息ついたところで、塩水をサーハビーに飲ませたのち、井戸へ連れて行った。サーハビーもよほど水を欲していたとみえ、三〇リットルはゆうに飲んだ。ゲルバに水を入れ、日没前に家に戻る。

二十九日。現在、朝の八時半。サーハビーに足かせをつけ自由にさせているが、エサが少ないので、時間のムダになるだけかもしれない。ズボンを縫いたいが糸もない。マッチもない。気持ちが重く沈む。

あと五カ月以内で横断の旅をすべて終了するのはとても無理だろう。サーハビーのコンディションひとつだ。ゆっくり行くのもいいが、こっちが精神的にも肉体的にもその苦痛に耐えられそうにない。それにこの孤独。サーハビーを換えたらもっと早く行ける。しかし、一頭のラクダを最後までもたせるという大目標がある。ジレンマに悩む。

●五月三十日

またもサーハビーが行方不明になる。午前中、子供と崖にサーハビーを捜しに行くが見つからない。前ほど心配しなくなった。夕方に井戸に子供とまた捜しに行ったが、やはり見つからない。その代わり、井戸に向かうとき、チナガイで故障したコマンダンたちのランドローバーが戻ってきた。無事を喜びあった。

夜は牛肉の飯。その後、教師のところへお茶を飲みに行き、十時すぎまで話し込んでいた。教師は学があるので、話すのがもっとも面白い。

夜中二時頃まで旅について考えていた。この旅行を完全かつ早急に終了させ、来年の検定と次の受験合格、これが今の望みだ。そのために早く日本に帰らなければならない。これから先は、ゆっくり確実に進むこと。以前のように村に長期滞在してはダメだ。何度同じことを決心しては、同じ過ちを繰り返していることか。

旅を続ける苦痛も無限ではない。もう三〇〇〇キロ近く来ているから、残り四〇〇〇キロだけのことである。

明日の午後、出発しよう。今は月が出ているから、夜の旅にするつもりだ。ゆっくり、でも確実に、スロー・アンド・ステディ、これが旅のモットーだ。

今日の朝、サーハビーを見つけるため、南側の崖から東側の崖に沿って行くと、一頭のラクダを見た。それがサーハビーだった。あまり心配かけるなよ、わが友。

●六月三日

あれほど固く決心したのに、まだ出発せずにいる。ここに戻ってきてから、もう五泊六日になる。体がダルイ。膝から下に疲れがある。栄養不足のせいか。これから先、エサはますます悪くなるというのに！

サーハビーの疲れは塩分の不足にあるのかもしれない。毎日、この旅の心配事はサーハビーの体力のみ。コマンダンは昨日の夕方、メナカへ行った。

前日、面白いことがあったので、特に記しておく。昨日はたまたま選挙で、井戸に皆と一緒に一日いた。ここには一つの政党しかなく、投票もすべて「ウイ」と印刷されたものが封筒に入れられていて、住民の数だけその紙が箱の中へなげこまれる。「ノン」、つまり反対は許されない。これが選挙というものか、はなはだ疑問だ。

月は満月に近い。

サーハビーが死んだ!

三日。サーハビーを捜しに行ったが、見つからないので一日延期。困った奴だ。

四日。一日のんびりとし、午後三時少し前に出発。夜の九時四十五分までSE方向へ走り続ける。しかし、ヒモをつくっておいてくれたキャンプには着けなかった。砂漠は、昨日と今日、今日と明日ではまるで相貌が違う。この神秘、不可解さ。だから、僕は惹かれるのかもしれない。昨日安全だからといって、今日の生命が保証されるとは限らないのだ。

五日。猛烈な砂嵐襲来。一瞬のうちに砂嵐は砂漠を襲い、人もラクダもオアシスも巻き込み、のみつくす。地にはいつくばってやりすごした。アランは今どうしているだろうか。アランとも砂嵐に襲われたっけ。頭からサーハビーともども、毛布をかぶってどのくらい祈っていたろうか。ゴオッと地を揺さぶる轟音のあとに深い沈黙が来た。助かった! ノロノロと起きあがると、六頭のラクダが頭の上に並んており、人が乗っていた。

また出発。三時間乗り、昼寝をしてまた一時間。飯を食い、三時間ほど乗ると、キャンプに着いた。

キャンプで、左足を治療していると、薬を持っているのを見て、ケガ人が五、六人来た。いずれも、子供ばかり。最初近づいてくるのは子供たちだ。みんな邪心のない顔をしている。可愛い。さっそく医者に変身。カサブタをはがし、オキシドールでふき、赤チンをかけ、綿とバンソウコウ。傷にはメンソレータムをつけてやる。

夜はお茶とミルクをもらう。他の人が水と交換に少量の飯を分けてくれた。

六日。インテルの井戸へ行くラクダ十四頭と一緒に朝六時、出発。九時半に井戸に着く。水をくみ、準備をし、糞。ラクダの肉を油で焼いたのでオイルの部分をもらってきた。

単身また出発。十数キロ行くと、キャンプがあった。ここはサリーのテントだ。ここに泊まることにする。すぐ飯を炊いてくれた。

夕方、大砂嵐の到来。地が裂けるような凄さだ。テントの中に入れてもらって避難する。寒く、砂が舞い、朝までケットルの中に砂が三センチも積っていた。体がすっかり冷え切っていた。

七日。サーハビー、また行方不明。子供が手綱を持って捜しにいくがいない。しかたがないので、サリーと他の三人で七キロほど先のテントへ行き、さらに二キロ先のテントに入った。その間、ヒツジを殺して食う。砂漠の民と同じ生活のリズムがもう身についたのか、ヒツジも自分で殺せる。ちっとも残酷だとも思わない。これが生活なのだ。

サーハビーが見つかったので、夕方五時少し前に出発。ウェイトフルの村を捜し、九時まで歩くが、とうとう発見できなかった。東へ向かっていると、南側に灯りが見える。そこで一時間半ほど急いだが、九時になったのでしかたなく野宿。

八日。七時に出発。二キロ行くとウェイトフルの村に着いた。ここよりインテルク (Intalak) まで七キロ。インエッカルまで一一キロ。昨夜はインテルクまで二、三キロの地点まで近づいていたのだ。まったく残念。

村には家が二つあった。鍋を借りて飯を炊くと、店の人が砂糖と肉とミルクをくれた。感謝する。砂漠の民はやさしい。そのお陰で僕は旅を続けることができる。この日記も今ここで休みながら書いている。

周りにはトアレグ族が十人ほど集まって、こっちを見ている。午後、インエッカルへ行った。疲労が深い。元コマンダンの家にお世話になった。

——出発。また出発。いったいこの言葉が何回出てくることか。これがサハラの旅なのである。出発しては休み、また出発。目標へ向かって正確に進んでいるのかどうか、それもわからない。ただ自分の旅への確信とわが友、サーハビーへの信頼、砂漠の人たちの善意が辛うじてそれを支えている。それが一つでも欠けたら、サハラの旅は不可能となる。

九日の朝、インテルクを目指し、教えられた三十〜四十度へ向けて出発。途中から家畜の足跡を見つけてそれをたどりながら進んだが、突然サーハビーがカクンと座り込んだ。その勢いで放り出されそうになる。サーハビーも疲れている。十数キロで井戸に着いたので飯を炊き、休憩。サーハビー、お前も辛いだろうが、僕も苦しいのだ。ガンバってくれ。声をかけると、サーハビーがうるんだような目で僕を見た。その目がなぜか悲しそうだった。

夕方、とりあえずタフニ（Tafni）へと目指す。

周囲が暗くなる頃、キャンプに着いたが、僕は疲労困憊していた。しゃべるのもおっくう。たき火をしている所へ挨拶にだけ行ってゴザを借り、集まって来た人たちには悪かったが寝たふりをした。一人がそっと飯を持って来て置いていった。

翌朝、目が覚めたが疲労は依然としてとれない。それに昨日の午後から足の裏がチクチク痛み出している。トゲでもささったのかと思って、トゲ抜きを借り、足の裏を何度も見たがトゲは見つからない。

（破傷風ではないか）

その瞬間、チラッとそう思った。破傷風なら大変だ。砂漠では破傷風は時として命とりになる。破傷風の症状を思い出そうとするが忘れて思い出せない。こんなミスが命を失うことになるかもしれないというのに！

六月二日、コマンダンが井戸に行ったとき、ラクダたちが泥の中に座っていた。それで冷たいのかと思い、左足を入れてみたことがあった。そのとき、無数にあるトゲの穴に菌が入ったのかもしれぬ。その次の日に左足親指を石にぶっつけ、皮を破り血を出した。

翌日、赤チンなどを塗ると、人指し指に小さな傷があった。これらの傷が関係しているのだろうか。破傷風という言葉がちらりと頭をかすめただけで不安になる。

砂漠では病気やケガはつきものだ。テントの老婆は下痢をし、体力なく横たわっている。その息子（孫）とオヤジが見てくれと言うので、アリナミン二錠とクレオソート四錠を飲ませた。

「今夜はぜひ泊まっていけ」

と、そのオヤジが言う。

サーハビーも疲れていたので、その好意に甘えることにした。

しかし、彼が僕を泊めた目的は別にあったのかもしれぬ。夕方、ドンキーに乗った若い女性が病気を見てほしいと言ってきた。アリナミン二錠、クレオソート二錠、ニバキンを与えた。

僕だって、栄養をとらなければならない。自分の米で飯を炊き、おかゆにして老婆と女性にも与えた。味つけはミルクと塩。

その間もドンキーに乗った別の老人が見てもらいにくる。アリナミン、クレオソートを与え、食事を与え、こちらも食った。どうやら僕は医者代わりのようだ。しかし、これもギブ・アンド・テイク、僕のできることは全部すべきだ。

夜はお礼に現地食が出されたが、三分の一食べただけ。また足が痛み出した。

十一日も足の痛みは止まらない。一日中テントの中で、じっとし、古典（『平家物語』）を読んでいた。なかなか読めないが、面白い。

朝、彼らがおかゆをつくると言うので水加減をみてやる。老婆はひっきりなしに糞をたれている。若奥さんが砂の上に落ちたものを枝で拾う。これが嫁と姑というのだろうか。日本でもサハラでも人間は変わらない。

午後と夜に現地食。しきりに傷のことが気になってしようがない。

（これが破傷風なら一刻も早く切断しなくては致命傷になる。こんなところにグズグズできない。一日も早く医者がいるところへ行こう）

ペニシリンはどこにあるのか。そのことを考えている。僕が本物の医者のことを思いつめむっつりしているので、彼らは〝現地医〟の僕が薬を惜しみ出したと思ったのか、黙って遠ざかる。こんなことで誤解されてはたまらないが、乏しい会話で説明する気力もない。

このとき、ニアメーに近いテリア（Tillia）に向かおうと思いついた。

●六月十二日

出発。足が痛い。猛烈に暑い。四十度近くはあるだろう。ギラついた太陽が集中的に僕とサーハビーを熱光線で狙い撃ちにしているようだ。ノドがカラカラに渇き、目まいがする。心臓の動悸が激しい。

井戸が近いというので、ドンキーの跡をたどる。道のりはけっこう長い。ワジ跡を横切り、小さなワジをのぼる。途中、水を腹の下にぶらさげたドンキーたちと会う。方向は間違いがない。

数日前に雨が降ったのか。所々すべる。大きな水たまりがあった。そこまで来たとき、サーハビーが動かなくなった。何回もクラバッシュで叩くが動かない。水を飲ませようとしたら、左足が伸びたまま座り込んだ。その瞬間、体が傾き、ラーヘリから泥の上に叩き落とされた。

サーハビーは起きあがれない。やむをえず手助けしてやっと起こし、また動く。少し湿ったところでは、やたらとスルリスルリと足がすべる。

井戸はワジの中ほどにあった。しかし、ロープとバケツがない。しようがないので、上流を東へと行くと四キロ先にテントが二つあった。そこで、カフェ・オ・レを飲み、昼寝。

水は黄土色で、まるでカフェ・オ・レのようなので、そのように呼んでいる。本物のカフェ・オ・レを早く飲みたい。この旅が成功したら、帰りにパリに寄って飲むんだ。

起きてまた出発。井戸とテントの場所を聞くと、北だというので数キロ行ったが、発見できる自信がない。タフニの井戸へ戻ることにした。ワジの深みでサーハビーはびくとも動かなくなった。転ぶものと思い、怖気づいたらしい。

しかたなく砂地に向かい、夕方、水のあるところで野宿、足が痛いので急ぎたいが、サーハビーが歩かない。何十回となくムチで打つ。それでも動かない。しまいには泣きたくなり、握りこぶしで砂をたたいて泣いてしまった。どうしたんだ、サーハビー！

●六月十三日

井戸は東のような気がする。子供が二人、ヤギをつれて東へ行く。井戸の場所を聞くと西だという。いったい、井戸はどこにあるんだ。イライラする。

湿地に入らないよう岩地に出たが、サーハビーはここでも座り込む。やむをえず、小休息。たき火をサーハビーの首の下でしたら（たまたまだが）、それでも、サーハビーは動かない。毛が黒コゲになった。サーハビーはどうみても異常だ。

しかたがないので昼食。木の陰で飯を炊く。幸い近くにカフェ・オ・レがあった。少し横になった。小鳥が羽アリを飛びながらつかまえている。その敏速さ。

それに比べ、わが友、サーハビー。立たせようとしてもビクともしない。再び火をたいてみる。黒コゲになっても動かない。足と首の下の毛がコゲたので、かえって、こっちがあわてる。目に火を近づけると、マツ毛がこげた。悲しそうにサーハビーが泣いた。泣きたいのはこっちだぜ。

そこへ、六頭のドンキーに乗った二人の男と二人の娘、それに老婆が来た。立たせるのを手伝ってもらうと、サーハビーは一発で立つ。タフニの井戸の近くに水たまりがあるので、そこでまた小休止。水を積み、彼らのキャンプに行くことにする。老人は、キャンプにいるとき、腹の調子が悪いといって薬をもらいにきたというが、よく顔を思い出せない。

ドンキーに乗り、サーハビーの手綱を引っぱっていった。林を抜けたところでまたもや動かない。彼が手綱を持ち、僕はうしろから棒で叩くが、水たまりをみたらもうダメ。一歩も動かず。

やむをえず、そこにサーハビーをおき、荷物をドンキーに積み、キャンプへ。テントは八つ。以前泊まったキャンプより少し北側。木の陰に寝る。米をくれた人がいるので助かった。

●六月十四日

昼近く、空テントへ移る。日没前、さほど暑くないとき、サーハビーをつれて帰る。二キロ行き、戻ってきたが、足はびっこをひいている。筋肉を痛めたのか。

近くにあったテントは五つほど行ってしまった。残り二つ。彼らも南へ行くという。なんだか一人でいるのは心細くなり、一緒に行くことにする。子供の一人が栄養失調なので薬を与えた。

暗くなってから、三頭のドンキーとラクダとヤギたちで出発。五キロも行かないうち、サーハビーが動かなくなった。しかたがないので、そこで彼らと別れ、野宿。夜は激しい雨と風。なぜか、アランの顔を思い出した。雨風のなかでの野宿はなによりも辛い。サーハビーと毛布をかぶり、身を寄せ合って寝た。

●六月十五日

朝、目を覚ますとサーハビーがいない。捜すと、緑の木のある所へ座っていた。何だ、チャッカリしてるぞ、サーハビー。お腹が空いて抜け出したのか。首をやさしくたたいてやると、サーハビーがこちらを見た。寂し気な目をしていた。疲れているのだろう。それはオレも同じだ。足が痛い。

さあ、起きてくれ、サーハビー。ケツを叩くと立ちあがろうとするが、力がないのか立てず、二回ほど失敗。足かせをはずし、脇から支えてやっと立ちあがった。ゴマ油の臭いのする木の枝を折り、口へもっていって食べさせると、うれしそうに食べる。そこへ、二頭のラクダとその子供が二頭、子供につれられて近くを通った。止めて、荷物を積むよう説明していると、今度はその母親が来た。

サーハビーが動けないので、次のキャンプまで荷物を積ませてくれと言っても、なかなかOKしない。必死で頼んだ。片コトのタマシェック語で一生懸命頼む。ようやく承知してくれた。有難い。サーハビーの手綱を引き、彼らのあとを追った。デイーンの間を縫って歩くこと五キロ。雨跡の前でサーハビーはもう一歩も動かない。どうやっても動かない。悲しそうにこちらを見るだけだ。やむをえず、足かせをつけ、緑の木のある所へサーハビーを休ませた。早く元気になってもらわないと困る。わが友よ。

そこから五〇メートル先に水たまりがあった。コケが生えていたが、ノドの渇きには勝てない。顔をつけてゴクゴク飲んだ。

さらに二・五キロ行くと、移動中の遊牧民たちが一時的にテントを張っていた。十五戸ほどある。大きい。中には、テントを張らず他人のテントに居候している人もいる。荷物を頼んだが母親はそこで荷物をおろした。それを近くのテントに持っていくと、「ここに止まるな」と追っぱらわれる。この連中はケチンボだ。

ちょうど運よく、薬を与えタフニの井戸で助けてやった老人がいて、ドンキーに荷物を積んでくれ、キャンプのチーフたちのテントへ持っていってくれた。しかし、ここでもテントに一緒にいることを拒否された。二つのテントは昨夜一緒に旅した連中なのに。

しかたなく、木の下に入る。チーフが米だけは持って来てくれたので、老人と一緒に食った。

昼寝し、テントに水をもらいに行くと、子供が悪いという。チーフの子供をみてやると、完全な栄養失調で、手も足もすっかりやせ細り、ケツの中が必要以上に開き、糞は白くドロリとして血が混じっていた。

その隣りの子はさらにひどく、心臓が激しく動悸しており、もう先は長くない。

昨夜雨の中を歩いたのでさらに最悪の状態だ。まもなく死ぬだろう。しかし、それは言わず、薬を与え、医者がいれば治るものを。これが砂漠の民の宿命なのだ。体の弱い、抵抗力のない人間は砂漠の砂に埋もれるだけ。彼らはそうやって生きてきたし、死んでいくのだ。

日没後、チーフのテントに二頭のラクダに乗った男が二人来た。見覚えがある。知り合いのグミエだった。前に会ったことのある男だ。すぐ、ラクダの状態を話し、左足のことを説明すると、話は聞いてくれたが、助けてくれるとは言わない。人をあてにしてはダメだ。自分で行く以外にないと思った。タバコを一本もらったのはよかった。久しぶりのタバコがうまい。

——自力でサハラ砂漠を横断する、それが僕の賭けた夢ではなかったか。それなのに、僕はグミエたちに甘えようとして、拒絶され、ちょっぴり恨んだ。

だが、拒絶されたことで、僕はまた自分を取り戻した。そうなのだ、自力で旅するしかないのだ。

僕は翌十六日、陽が少し昇ってから、サーハビーを迎えに行った。ワジを横切り、水たまりに着いた。サーハビーは同じところにいた。しかし、昨日は立っていたのに、今日は横になっている。動いていない。食事をしていないのかと心配した。

「サーハビー」

と呼んでみたが、何の反応もない。不吉な予感がして、僕は駆け寄ろうとした。木の上でバサッと鈍い音がした。みると、ハゲタカではないか。周囲の木の上でハゲタカが数羽、憎々しげに羽ばたき、威嚇している。地獄からの使者、砂漠の悪魔が獰猛《どうもう》な面だましいで隙を狙っている。その鋭い嘴はすでに赤い鮮血をしたたらせている。

(しまった!)

一瞬、悪寒が体中を走った。サーハビーのもとへ駆けた。動かない。……無惨だった。サーハビーは横に倒れ、首を背中のところまで曲げており、上側の顔がなかった。ハゲタカにつつかれて、目もなく、口のまわりも食われていた。

「サーハビー、サーハビー!」

叫んだが、むろん動かない。その無惨な光景は、思わず目をそむけたくなるような戦慄すべき光景だった。昨日までのあの勇姿はどこへいってしまったのだ、サーハビー。どうしてお前は死んじまったんだ、サーハビー。僕は泣いていた。憎しみがこみあげてきた。石を探すと、僕は空のハゲタカに向かって投げた。石は当たらず、ハゲタカは不敵な面だましいでこっちの隙をうかがっている。あの人殺しめが、サーハビーをこんな目にあわせたのか。僕はやり場のない悲しみと怒りで、その場にへたへたと座り込んだ。

「サーハビー、どうしてお前はオレを残して死んじゃったんだ。オレはこれから一人でどうすればいいんだ！」

救いのない絶望が襲ってきた。僕は熱砂に顔をおしあて、こぶしで砂をギリギリと握りしめながら、号泣した。

（もう旅は終わりだ）

こんなかたちで挫折するなんて！　ただ、それだけがかすめ、あとはもう何も考えられない。どのくらい泣いていたろうか。木の上でバサバサッと激しい音がする。目をあげると、ハゲタカはさらにふえ、血に飢えた連中が空を舞っている。

（このままでは、サーハビーが影も形もなく食いつくされてしまう）

そう思ったとき、僕は駆けていた。キャンプへ戻った。グミエが血相を変えている僕を見て何か叫んだが、聞こえなかった。カメラをぶらさげ、急いでサーハビーのところまで走った。残忍なハゲタカたちがサーハビーの死肉に群がって、もう逃げもしない。そのまま五、六枚、サーハビーの遺骸の写真を撮った。ハゲタカは十五羽にもふえ、サーハビーはさらに食われ、内臓は食いちぎられ、それは見るに耐えないわが友の凄惨な最期の姿だった。血のなかに白い骨がもうみえる。サーハビーは死んだ！　キャンプまで、僕は放心状態で、自分の意志とは関係なくヨロヨロと歩いていた。

ふと足が痛い。見ると、足の指と指がすれ合い、かかとが水ぶくれになっている。テントに戻るのもやっとだった。

ちょうど昼飯時だったが、まったく食う気になれない。体も心も無性に疲れている。午睡しようとゴロリと横になったが、眠れない。頭に浮かぶのはサーハビーのことばかりである。いつか、ウトウトしたらしい。夢をみていた。

サーハビーに乗って東京から大阪へと旅立った夢なのである。サーハビーが下唇を少し下げ、口のところが三角形に開き、焦点のあわない虚ろな目で見ながら立っている。その姿が可愛い。その顔がやさしく笑っている。

「サーハビー」

声をかけたところで、淡い夢から覚めた。夢の中でも泣いたのか、僕の目尻が湿っていた。

サーハビーは本当に可愛いラクダだった。あまりにもクラバッシュで打ちすぎた。かわいそうでならない。長い距離をぶたれながら、歩き、走り、不十分な食事しか与えられず、力つきて死んでいったサーハビー。

何も話すことはできないが、死ぬ数日前から動かないことで、疲れを訴えていたんだね。それに気がつかなかったなんて、俺はバカだ。そのためサーハビーが死んで、僕はひとり砂漠に残された。

一月二十五日、モーリタニア共和国のヌアクショットを発って、今日は六月十六日、ここはマリ共和国、メナカの近く。ここまでサハラ砂漠を五カ月かかり、約三〇〇〇キロほど横断してきたことになる。目的地のポート・スーダンまではあと四〇〇〇キロもある。旅は半ばにすぎない。これから先、どうするか、新しいラクダを買う金もない。このまま旅は続けられない。僕はまったく途方にくれた。僕はもはやラクダを持ったノーマッドではない、一人の若く貧しいヒッチハイカーにすぎない。

夜、昼間いなかったグミエがサーハビーの死を知り、慰めに来てくれた。

「これから先、どうするつもりか、あてはあるのか」

グミエが、殺したヤギの肉をすすめ、「食わなければ体に毒だ」と言いながら、聞く。

「あてなんかないさ。あるのは絶望だけだ」

僕はむっつりと答えた。

「そんなら当分、オレたちと一緒に旅するのがよかろう。オレがチーフのモハメッドに話をつけてやる。旅を続けていれば、また新しい勇気もわくし、いい知恵も浮かぶさ。アッラーの神は、お前を見捨てやしないよ」

黒い顔のグミエが黄色い歯を出してニコッと笑った。彼らの旅についていくしか、今は方法がなかった。これから先は、あてのない旅になる。おさえきれない悲しみのなかで、僕はグミエのあとについて行った。サーハビーの遺体を埋葬してやることもできない。これが砂漠の民の碇だ。人もラクダも皆、自然の砂に還る。すべては自然の生と死の摂理に従うしかない。さようなら、サーハビー、わが友よ。砂に眠れ、サハラ砂漠がお前の墓碑銘だ。

挫折そして再起へ

旅は終わりだ、傷心と絶望の涙が……

「ゴメンナサイ!!」

と、初めに、長い間、一通もの手紙を出さなかったことをお詫びします。お元気ですか？　小生は何とか生きながらえております。雨季前の砂漠はラクダのエサが少なく、サーハビーは六月十六日に力が尽きて、あの世へ旅立って行きました。

ロンドンよりアフリカに届くはずだった資金の一部が途中で消息不明。それで彼（わが友、サーハビーです）が死んでからはまったくの一文なし。そこから八〇〇キロほどヒッチハイクをし、ニジェールのアガデェス着。幸い、家からの手紙に少しのドルが入っていたので、今、五十二日ぶりのビールを飲みながら書いてます。

これからの予定としては、チャド、スーダンをヒッチ、またはキャラバンで横断し、年内に帰国の予定でいます。

せっかく、資金を貸してくれたのに、その気持ちに添えなくて申し訳ありません。

無念ですが、今となってはどうしようもなく、悲しくあきらめています。心中お察し下さい。

現在、大変な精神病にかかっており、これはアフリカのサハラ砂漠で治すことができず、日本に帰らなくては治療の方法がありません。

なにはともあれ、ラクダの旅は終わりです。

砂嵐でメガネを失って以来、視力〇・一以下の目でこれを書き、そして、自信なく歩いています。

つたない文章とヘタクソな字でしたが、これを書いて、心の中にあった気がかりなことが一つ、今、吸っているタバコの煙のように消え去っていきました。小生の夢もはかなく消えたのです――。


ホテルのバーで、菊間秀卓さんに手紙を書いて、僕はビールをキュッと飲んだ。ガオでアランたちと最後に飲んでから五十数日ぶりのビールである。冷たさが肺腑にしみた。しかし、心は重く、暗かった。

菊間さんは僕の大の理解者で、この旅行に必要な金のうち十万円を黙って貸してくれた。サハラ横断の成功を誰よりも信じていてくれる、その菊間さんに、こんな挫折の手紙を書かなければならないとは。沈鬱で、思いきりビールで酔いたい気持ちだ。

このアガデェス（Agadez）には一昨日、七月六日に着いた。五日にインガルを出発、三時間歩いて、運よくトラックが拾え、辛うじてここまでたどり着いたのだ。ここには三年前、一九七一年五月に来たことがある。はるかに町が大きくなり、家並みもきれいになっていた。

ニジェール共和国は、サハラ砂漠の中央南部にある内陸国でその首都はニアメーだが、このアガデェスも大きいほうだ。すぐ郵便局へ直行すると、東京からの手紙が届いていて、中に二〇ドル入っていた。銀行で換金、四一〇〇CFA（約六〇〇六円）手にした時はさすがに心強かった。

この町で少しのんびり過ごそうと思う。東京へ手紙やこれまでのフィルムを送ったあと、今日もホテル（Hotel Del-air）に来て、ゆっくりとビールを飲みながら、日記を書くつもりだ。悲しいかな、それはメナカからアガデェスまで、敗北と絶望の記録だ。

——サーハビーが死んだ場所からグミエの一行に救われ、そこをあとにしたのは十七日だった。チーフのモハメッドが一頭のラクダを借りてくれ、四頭で出発。どのラクダを見ても可愛くてしかたがない。サーハビーへの情が他のラクダに移ったようだ。

翌十八日、一三キロほど先にあるテインツカルを経て、そこで彼らと別れ、僕は車を拾った。五カ月ぶりの車である。ラクダ一日がかりの行程をトラックは一時間で走る。一〇七キロの距離をわずか四時間で突っ走り、正午にはもうマリの町メナカ（Menaka）に着いた。

すぐコマンダンにパスポートを見せ、ジャルダル・メリー・ネエションへ行き、調書。荷物をとると診療所へ行った。足の痛みが気になってしようがない。ところが、医者は安心しなさいと言った。

「破傷風ではない。熱い砂の上を歩きすぎたためです」

そう言って、手当てをすると、血液とリンパ液の混じったものが出てきた。油を塗り、包帯を巻いてくれた。破傷風の疑いがとれ、ともかくホッとした。

メナカには四日ほどいて、二十五日にアンドレラマウカネ（Andéramoukane）

へ行くランドローバーにジャルダン・メリーが頼みこんでくれたので、キャビンに乗って出発。日没前に、軍用トラックが平行して走り、話をすると、興味がわいたのか、「こっちへ乗れ」と言う。

黒人のドライバーでなかなか面白い男だった。鉄砲を持っていて「撃ってみたくないか」という。もちろん、鉄砲は初めてなので興味を持ち、車を止めて、鳥をねらった。しかし当たらなかった。

こうして車を何台も乗り換えては進むが、地図に載っていないルートのため、前進はきわめて困難。排気ガスがようしゃなくキャビンに入ってくる。それを吸いすぎ、頭とノド、鼻を傷めた。それは未開から文明社会への関所であり、カゼは文明人へ戻ったという烙印《らくいん》かもしれなかった。それがすごく寂しい。

アバラカ（Abalaka）で初めて方向がアガデェスに近いことを知る。アガデェスなら三年前に来て、一応事情も知っているし、ラクダのルートにもなっていたので、もしかすると、万一の奇蹟的なことが起こっていればの話だが、日本からの郵便物が回送されてきているかもしれない。はかない僥倖を抱いて、僕はトラックを拾った。

車の上でボンヤリしながら、砂漠が後へ後へと流れていくのを見ると、いろんなことが頭に浮かんでくる。

気に入らない黒人に会うとアフリカ人は気に入らない。その反対だと、紳士的でいい人だと思ってしまう。親切なトアレグ族の男に会うと、ノーマッドも人間だな、と思い、たかりや、金の対象としてしかこっちを見ていない奴に会うと、このコジキ人種めと思う。

その心が一日に何回転もする。悪い癖だ。冷静に考えると、彼らが悪いのではない。そのように思い、考え、気をよくしたり悪くしたりするこちら側の心の問題なのだ。

人間いい奴五〇パーセント、悪い奴五〇パーセント、と思うのは間違いだ。悪い奴はいない。たまたま虫の居所が悪い奴が五〇パーセントいると思えば、それで気がすむことではないか。

それなのに、僕は単純だから、頭にくるとすぐ怒る。気が短かすぎる。もっと気長に、根気よくやらなければダメだ。

このサハラ横断の旅は、アイデアと行動力と資金が支柱だった。その三番目の金に負けた。金、金、金と、サーハビーが死んでから何回つぶやいたことか。

金と人間の心との関係、つまり、金は人間を変えるというが、金そのものへの執念ではなく、必要な金を持たなかったこちらの落ち度であり、それゆえに後悔が残る。

一〇〇の金を持ち、一〇〇の旅行をするのがノーマルなのに、僕は五十の金で一五十もそれ以上もの効果を出そうとした。それが失敗の第一原因なのだ。

さらに、僕には忍耐と寛容性が欠けている。トアレグ、そしてアフリカ人への、相手を理解しようとする心、根気、待つこと、何もかも欠けている。どれもこれも単細胞、単純、気短か、面倒くさがり、利己主義からきているんだ。未熟な大人、精神年齢いまだ十五歳の人間。俺はダメな人間だ。自分をいくら虐げても虐げたりない。ビールで酔ったのか、書けば書くだけ自分が不愉快になる。もうやめた。俺はネルー。

●七月八日

自分の心がいじらしい。心は悲しみで一杯だ。早くアフリカを去ろう。アガデェスの町を出よう。日記もちゃんとつけよう。旅の続行に必要なものを揃えた。空港へ行ってみると、以前に会ったことのある人が偶然いた。そこから話がはずみ、フアチ（Fachi）行きのトラックがあるので便乗できるよう、頼んでくれるという。好運だ。お世辞が下手で、面倒くさがり屋の俺は、人にいい印象も与えないし、特別に好かれない。しかし、人と話す時はマジメに話すことにしてきた。そうすることによって理解され、理解できると信じているからだ。

正直で、真面目で親切、それらを自ら身につけている人間は、金では買うことのできない一つの財産を持っている。そういう人間でありたいと思う。

町へ戻ると、リビアからの兵士たちがアガデェスに来ていて、町は彼らに占領されたかのようになっていた。二五六〇人とか。

——心が千々に乱れながらの彷徨の旅がまた始まった。トラックやランドローバーを拾っては走り、拾えないときは歩き、村を通り、町で人びとの善意を受け、ファチへと急ぐ。十一日、ファチから西七五キロのところへ来た。木は一本もない。広い砂丘の谷間にトラック四台と二台のランドローバーが見える。これから先はまた本物の砂漠に入る。これまで以上に厳しく、複数のラクダがなくてはとても横切れない地形が続く。ここでラクダで横断を試みたイギリス人の話を聞いた。僕の前にトライして、失敗したあのイギリス人だ。

その話を聞いているうち、ムラムラと胸の中にわきあがるものがあった。

(金さえあれば俺はできた！　俺はサハラに負けたのではない。金に負けたのだ!!)

あのイギリス人のように、もっと豊富な資金があったら、絶対にサハラ砂漠を横断してみせる。心はとたんに高揚しだした。やはり砂漠への夢は捨てきれない。しかし、現に僕は無一文に近い。ラクダを買う金をどうやってつくるというのか。それを思うと、僕の夢は破れた風船のようにすぐしぼんだ。前よりももっと惨めな気持ちになった。

苦労して、ファチの町に着いたのは十四日。しかし、歓迎はされなかった。寝るところもなく、食い物がひどすぎる。少し酸っぱく、砂が混じっていて、ノドも通らない。目的のない旅でこんな目にあうのなら、横断旅行という大目的のために苦労したほうがまだましだ。これではエベレスト山頂からマリアナ海溝の底まで落ちたような思いがする。未練はどうしても捨て切れない。

なぜ、僕の旅は失敗したのか。追い出された家の前の庭で野宿しながら、いつか僕はそのことを考えていた。これまでは反省するという心の余裕もなかった。サーハビーの死と旅の挫折から受けたショックでそれどころではなかった。ただ無気力にここまで旅をさまよってきたのにすぎない。今また何かが心の底からわきあがりつつあった。

ラクダ旅行失敗の総括

①資金の決定的不足

十分にあったならば、サーハビーの死後すぐ新しいラクダを購入することもできたし、疲れていた彼を他のラクダと交換することもできた。

②進みかたが遅かった理由

・エサの不足のためサーハビーの疲労が大。

・エサの少ない村に長期滞在し、僕自身がだらけていた（逆にゆっくりだったたから、三〇〇〇キロ、サーハビーが耐えられたということもあるかもしれないが……）。

・塩の不足がサーハビーの疲労に拍車をかけたようだ。

③ラクダの長期旅行のための最善策

・エサの十分な所でのみ、僕自身が休養する。
・二頭または複数で行く。ラクダは誘われて歩くことを発見。
・二頭目のラクダに人を乗せれば、こちらも精神的に楽。
・走り、歩きはラクダのコンディションに合わせるのがベスト。
・気候に合わせること。
・長距離には、エサと水用に、どうしても複数が必要だ。

複数のラクダを使ったヨーロッパ人旅行者に比べ、三〇〇〇キロを一頭で歩いたわが友、サーハビーは決して悪い成績ではなかった。むしろ、よくやったのかもしれない。地形もラクダにとって悪くはなかった。複数なら絶対に成功できるはずだ。サーハビーと旅をしているときは、流れに向かって闘っているような気がする。それに比べ、ヒッチの生活は流れに流されているみたいで、人並みに生き、たいした苦労も苦しみもない。このファチに来てからというもの、川の入江に漂っていて周囲まかせの生活というか、自分の意志で体が動いていないというか、それも力尽きて、川の底に沈んで死せる魚のようだというか、一日中ボケッとしてタバコを吸っているので、頭の中がポカーンとしている。生きているという充足感が何もなかった。

俺は本当にサハラに敗れたのか

(俺は挫折して、オメオメ日本へ帰るのか)

そう考えると切ない。しかし、金をどうするのか。ジレンマの中で僕は居てもたってもいられなかった。そのため七月十九日、この小さなファチの村に一騒動を起こす破目になってしまった。

その日、いつものように家の前で飯を食ったあと、ゴザの上に寝ていた。怠惰な日々の連続で頭が重い、それで夜少し歩こうと思って砂漠へ出た。九時から明け方三時まで西へ行き、三時から早朝九時までに戻ってくればよい。無性に砂漠を歩きたかった。砂の上を歩いてみて、それが足にどのような結果を与えるか、試してみたかった。ラクダを持たない今、僕にできることはそれしかない。

僕は磁石を使わないことにして西を決め、真西へと歩いていった。荷物類は置いたまま出発したのである。

北斗七星、動く星、帰ってくるときに目標とする星などを決め、一時間六キロ歩くとして六時間で三六キロまで、西へ行くことにした。久しぶりに歩く砂漠は気持ちよかった。

しかし、でっかいデイーンを越すと、方向がずれそうで無気味だし、柔らかい砂の上では沈みそうになる。それに耐えながら、どこまでも歩き続けた。星は正確だ。ちょうど村のありそうな所に明るい星があった。何度も忘れないようにそれを見た。一時間半後、砂丘の上に昇り、その星を見ると、砂丘の間のトーチが光り、どうやらただごとではない。その光がどんどんこっちへ向かってくる。しばらく様子を見た。こちら側には井戸もキャンプもない。ラクダならトーチを使わない。何だろうと不思議な好奇心がわいた。それで一キロほど戻り、光の届きそうな所から左へずれ、ハチ合わせしないようにして伏せ、彼らの話し声を聞くことにした。その会話の中に「シデイ」という名前が出る。シデイは僕がファチで友だちになった若い男だ。

そこで初めて、僕は「シデイ、どうしたんだ?」と顔を出した。びっくりしたのは彼ら三人である。シデイが叫んだ。

「タカシ、ここにいたのか。心配したよ。村中の人間があっちこっち、タカシを捜している。荷物を置いたまま、十一時になっても戻って来ないので大騒ぎしている」

僕のほうこそ、そんな事態になっているなんて知らず、かえってびっくり仰天。何度も謝り、彼らと一緒に戻り始めると、二頭の馬に会い、さらに戻ると、十五人ほど村の連中がいて、僕の姿を見ると、子供たちがワーッという歓声をあげた。

村に戻り着いたのは十二時。村に入るまで皆の方向と自分の歩いていた方向が三十度ほど違っていた。そこで誤差を計算してみた。

すると二キロに対して二・七キロ、二キロ進むと七〇〇メートルのロス。三キロだと一・五キロもよけいに歩かなければならない。やはり磁石のない砂漠の旅は危険だ。

村に着くと、パスポートとナイフ類をとりあげられた。二度とこんなことをして迷惑をかけるなという強い小言をくい、牢にぶちこまれた。

僕の心情を説明しても、どうせ理解してはくれないだろう。僕はただ謝った。

左の足首、関節が痛い。長時間歩くと、まず痛みだすのは足首。そして膝の後ろ。

下の筋、もものつけ根だということがわかった。
●七月二十三日　イスラム暦十月三日
ファチに流れ着いてから十日目の夕陽を見た。十九日の夜から囚人として生きている。囚人といっても別に自由を拘束されるわけでもない。村に車が通るまで、看視下におかれているということだ。

「村の連中は、タカシを正気でないと言っている」

シデイが教えてくれた。

「正気でない？　僕が？」

すっとん狂な声で聞き返すと、シデイがうなずく。とうとう異端視されてしまった。あるいは、そうかもしれない。砂漠の民からみてさえそうなのだから、日本人は、大学へも行かず、高校を中退して、アフリカくんだりまできて、名もない村で囚人としてあつかわれている僕をみたら、何ていうだろうか。
●七月二十四日
車は通らない。一日中が退屈で死にそうだ。死ぬまでにいろんなことをしたいと思っていたが、体は一つ、完全にできるものは一つか二つかだろう、この頃そう思うようになった。中途半端なものを多数持つのと、完全なものを一つ持つのと、どっちが真の人生か。それを考える。答は一つだ。すると、俺はこんなところでのんびりしてはいられないのだ。僕にとって一番の敵は何か。それは自分だ。怠惰であきらめやすい心だ。

ここからチャド、スーダンとポート・スーダンへ行かないと、中途半端なクセがつく。どうする？

●七月二十九日

相変わらずファチにいる。二十七日にキャラバンと話がまとまったので、出発することにした。

シデイやアバイ（これも友人）たちが力を貸してくれ、村長も口をきき、遊牧民に一五〇〇フラン（二一九七円）払って、ラクダ二頭に荷物を積んだ。キャラバンはラクダが計十二頭、人間は僕と女・子供も入れて五人。ビルマ（Bilma）方向へ行くという。こんな村にもう一日もいたくないので、いざ出発。

ところが、村を出たとたん、チーフの野郎が「ラクダが疲れているから、自分で歩け」と言う。

「冗談じゃねえや。一五〇〇フランも払ったのだから、ちゃんと乗れるはずだ」

僕は怒鳴ってやった。

「あれは水と荷物をラクダに積む金だ」

チーフはすましている。

欺まされたと思い、頭にきた。

「バカヤロー！　金を払ったのは乗るためだ。誰が歩いて行くと考えるものか。だったら、それをなぜ最初から言わない。サギじゃないか。よし村に戻ろう。村長に聞けばわかる」

そう言って、強引にキャラバンを村へ連れ戻した。村に着くと、チーフは澄ました顔でうまいことを並べる。バカ村長は何も言わない。本当にぶん殴ってやろうかと思ったが、シデイたちに迷惑がかかると考え直し、金だけをとり戻してやめた。泥棒猫め！　そういうわけで、今日もまだファチにいる。この体験でノーマッドの本当の心がわかった。金のあるものからは絞れるだけ絞り、村にいるときはうまいことを言ってOKし、砂漠に出ると無法なことをいう。ノーマッドの精神はいまだ動物の域を出ていない。クソのような連中だ。ああ、気がむしゃくしゃする。自分のラクダで自由に旅をしたい。

——自由な旅への渇仰は日ましに僕の中で増大してきた。囚人としての生活から解放されたい。結局、ファチの村を出たのは八月八日の午後二時半。トラックが通ったので、あわてて飛び出し、シデイにはポルノ写真を記念にやって別れた。

トラックは単調なリズムで走る。砂丘が東西へ数キロも並んでいる。トラックが着いた。びっくりした。あの懐かしい石油基地テクアコではないか。

ミッシェルとアメリカ人が残っていた。ちょうどジェリーも来ていた。

「本当に、タカシか。今頃はポート・スーダンだと思っていたぜ」

ジェリーが、まるで奇蹟にあったような声を出した。

夜には総勢十五人ほどにもなり、ベッドが足りないので、折りたたみ椅子を借りて寝る。なんだか、急に生臭い下界におりてきたような気がした。ひどく人間が懐かしい。やっぱり、いくら遊牧民に合体しようと思っても、心の底ではどこか、遊牧民になりきれない部分があるのか。文明社会から離れることができないのか。とすれば、僕はひどく悲しい人間だ。

夜、眠れない。昨日の夜、空腹のまま飲んだ缶ビールのせいかもしれない。夕食はワインを飲んだ。野菜がないのが残念だが、キャンプでは食えなかったメニューが僕を喜ばせたのは事実だ。

●八月十五日

今日は終戦記念日。それとサハラにいる俺との関係は？　ナッシング。

明日、ミッシェル・レモンと北へ一五〇キロのセグディン（Seguedine）へ行く。彼はここより三〇〇マイル行くので、別れる予定。僕はチャドへ行きたいが、トラックがあるか、それが問題。なければリビアへ行くが、ビザがないので少し心配だ。

ここで久しぶりに新聞を読んだ。新聞もラジオもない社会から、急におびただしいニュースの洪水の渦に巻きこまれると、物の見方や価値観が逆回転して、かえって混乱する。日本に関するニュースは、ほとんどが経済関係のものなのでたいして興味がない。あまりニュースのないところを見ると、平和なのだろう。

ミッシェルの車に乗せてもらうことにし、皆と握手して別れたのは十四日の夜八時半だった。

「一月には必ず日本へ行くよ」

と、ジェリーが固い握手を求めてきた。再会を再約束しての出発だ。

ミッシェルの車はデルコン（Dirkon）めざして走る。そこまで一七〇キロ。途中休憩した基地に『ニューズ・ウイーク』が置いてあり、それにサハラの記事が出ていた。

曰く。今年も人間の食糧が不足している。去年のダメージは一年やそこらで回復するわけがない。少し雨はあったというので、世界の人間は問題は終わったと思っているのかもしれないが、食糧飢餓の問題がダメージから回復するのは五年や十年はかかる。

それに加えて、サハラの乾燥が年毎に進んでいくので、いつまでたっても外部からの援助が必要だ。サハラの緑化というよりも、サハラの緑を現在よりも減らさないことのほうが問題だ。

サハラの自然は偉大である。サハラの聖域を愚かな人間の知恵が犯してはならない。

最後の文章が気にいった。国連に入ってこのサハラで働くのが僕の夢だ。その夢がまた甦ってきた。そのためにはもっとサハラを知らなければならない。

この基地にいるのはフランス人とアメリカ人。そこにまぎれこんだ日本人の僕。

気軽に仲間に入れる。それが逆で、外人が日本人の中に入ってくる場合、日本人は国際的ではないのでそうスムーズにいくかどうか。

外人といると年齢を問題にしないので気が楽だ。日本は年齢順と敬語が威張りくさっている。これにはヘキエキする。

車は十五日、アガデェスへ。僕はまた逆戻りしたことになる。もう気にしても始まらない。ここで見たフランスの雑誌には、水俣の公害が紹介されていた。その雑誌を持っていたリビアとニジェールのハーフは「なぜ煙が毒なのか、理解できない」と言った。デルコンで見た『ニューズ・ウイーク』にも、東京の公害のことが出ていた。

今、日本に対する外国の興味は公害問題のようだ。先進国、工業国として、日本はGNPの向上を何よりも優先させてきたが、日本政府は公害までは考えつかなかったのか。現在の東京は、明日の日本であり、明後日の世界の姿であろう。人間がよりよく生活するための手段であったものが、人間の生存を脅している。

GNPが上がり、所得が上がり、豊かな生活を望んでいた国民。それには金がかかる。製品をつくって売る以外に日本に金は入らない。そして工業がふえ、それに比例して公害もふえていく。

生産が上がるから公害が増す、文明製品の消耗を少なくすると工業の成長を縮小させる。公害は減るが、所得も減る。現在のインフレでは生活が楽ではない。所得がふえ、公害の減ることを望む国民。両方かなえることは可能か。

日本の工業力をほめる人は多いが、公害と住宅問題を思うと、単純な僕でも、すぐには嬉しがれない。日本の国土は比類なく美しい。他の国を旅しているとそう思う。ことにこの不毛の砂漠からみたら、日本ほど美しい自然に恵まれた国はない。それが急速に破壊されている。将来はどうなることか。公害列島日本の名に恥じない国になるだろう。

誰がつくったのか？ そして誰がつくっていくのか？ 今、ふっとこんなことを砂漠で考えると、居てもたってもいられなくなる。僕の単純な正義感がまた炸裂《さくれつ》しだした。新聞や雑誌などがそれらの公害問題をとりあげているが、もっと公害に対応する月刊誌をつくったらどうだろうか。

一般に言われるところの公害から、タバコ、加工食品、下水など、いろいろ問題はある。法律で決められている生存の権利を守り、さらにより文化的生活を推し進めるための人間の雑誌である。

現在の月刊、週刊誌とはまったく異なったデザインで横文字にし、リアルな写真、風刺のきいたイラストなど、見ても楽しめるようにし、公害対策のため権威者の意見も多くとりあつかい、学術的な記事も入れる。書いた記事や写真には、すべて名前を入れ、責任を持てるようにする、『タイム』のように。

エコノミック・ミラクルと言われた日本を、ポルーション・ミラクルと三十～五十年後には言われるようになるための起爆剤となるような働きをなしうる雑誌。これはやりがいがある。旅行作家などくだらない。男、一生費しても惜しくないほど大きな問題だ。

スタッフはすべてエキスパートである。そのためには、僕はまずどの面においてもスペシャリストでなければならない。

公害対人間。勝つか負けるか。
●八月二十四日
ヌアクショットを出発してから七カ月、サーハビーが死んでから二カ月。このセジネ（Segdene）に住みついてから一週間。一昨日の午前中、村長と三キロほど先のヤシ林へダーツを採りにいった以外は、一日中寝て暮らしている。

ミッシェルがジャドに行って以来、ビルマへ一台のトラックが通ったきり。昨日ようやくリビア行きのトラックが三台。スーダン人がいて、彼の通訳で頼んだが、ビザがないので、ノー。砂漠で動きがとれない。

●八月二十六日

昨夜、サーハビーが死んでから二カ月と十日ほどになると思い、それだけの時間を真面目に進んでいたら、すでにチャドに入っていたと考えたら、もうたまらなくなった。

どうしても、サハラをあきらめきれない。サハラ横断を完遂できないことがくやしい。日本に帰ってから、この後悔と無念さは、俺の命あるかぎり続く。その大きさは今よりさらに大きくなる。

●八月二十七日

サハラが頭から離れぬ。イギリス人が失敗し、日本人が失敗した。サハラ砂漠は人間の挑戦を絶対に許さないのか。俺にはできる。金さえあれば、オレは克服できる。もう一度、金を東京に頼むか、それは可能か。俺はもう一度、サハラ横断に賭けたいのだ。

――サーハビーの死でいったんはあきらめかけたサハラ横断の旅、撤退しながら、やるせない退屈の日々を公害問題に熱中したりすることで気をまぎらせてきたが、どうしても僕はサハラ砂漠への夢を捨てきれなかった。

（この勝負は負けと思ったが、数ラウンド、ノックアウトのようなパンチをくらっただけだ。まだ最終ラウンドは残されている。俺は必ず勝つ。負けは体が動かなくなるか死ぬ時だけだ）

その思いは日ましに強くなってくる。

死への恐怖はある。東京にいれば、人並みに生きていける。しかし、行動へとかけ出してしまうこの魂。

何といっても、サハラ砂漠へ二人が挑戦し一人のイギリス人がノックアウトされた。そして、僕もサハラから負け犬のように身を引こうとしている。死ぬまで闘わない自分が恥ずかしくないか。一生悔やまないか。

男として、一度目指したものへ、たった一回の挑戦だけで、金がないためにやめてしまうなんて、弱すぎる。

死への恐怖に耐えられるならば、この世に何が恐ろしいものがあろう。死へ挑む勇気、これがあるならば、何も恐れることはなく人生を闘い抜いていける。誰にでもあるだろう。自由に思いっ切り、持っている力を発散させ、何ものにも縛られない自分となろうとする気持ちが。そのために僕はサハラへ来た。

しかし、今の僕は何なのか。惰性で生きている人間にすぎない。人生とは何か、それを考えるために、ラクダの背に揺られたが、何一つ、答を見出していない。苦い挫折の涙にむせんで、自分を甘やかしているだけだ。

何のために生きるか、これから先、挫折の心を抱いて中途半端に生きるとしたら、これまでの旅はマイナスしかもたらさない。完成させてこそ意味があるのだ。

もう一度トライしよう、サハラに挑戦しよう。僕は思いつめ、とり憑かれ、そして発作的に心に叫んでいた。サハラは俺の生と死のすべてなのだ。サハラから逃げた俺はあり得ない。それは人生の逃亡者だ。俺は敗けるためにサハラに来たのではない。すべてを賭けて、サハラを征服するために来たのだ。オレは男だ。もう一度、死を賭けてもやる。

（オレはサハラと死ぬまで闘う。勝つか、負けるか、もう一度挑戦してやる）

体中が興奮していた。しかし、二度と失敗しないための冷静な計算と準備はできるつもりだ。そう心にきめると不思議に冷静になった。僕はこのサハラ砂漠への再度のトライを《フェニックス作戦》（不死鳥のようによみがえる作戦）と、自ら名づけた。

絶対に揺るぎのない決意が固まったら、性格として一刻の猶予もできない。準備をするための基地は日本人が多くいたほうがよい。この付近で日本人が駐留している大きな町はどこか。あった。ラゴス（Lagos）。ナイジェリアの首都で、そこには日本大使館もある。ここから距離にして、数日のところだ。前にも来たことがあり、事情は知っている。そこをフェニックス作戦の基地にしよう。そう思うと、ラゴスへの旅は、再び希望の旅となった。

そして、ラゴスに着いたのは九月十日。僕は菊間さんにすぐ手紙を書いた。

「お元気ですか？　ニジェールのアガデェスより送りました手紙、着きましたか？ニジェールよりチャドへ行くと言い、手紙の住所を教えましたが、チャドには行かず、南のナイジェリア共和国のラゴスに来ています。

アガデェスより、ニジェールとチャドの国境を目指し、アメリカの石油会社の車に乗せてもらいました。ビルマの西にあるオアシスで、ビルマへ行く車を待っていましたが、まったく来ずに二十五日間、毎日が退屈な日々。奇跡的にも石油会社のトラックが来たのでアガデェスに戻り、フランス人の運転するトラックで、ビルマ北方二〇〇キロのセグディンのオアシスに着きました。そこでまたチャド行きのトラックはなく、十日間ボケッと暮らしていました。

そのとき、小生、考えたのです。俺がサハラに来たのは何のためだ。ヒッチハイクでスーダンまで着いたとしても、全力を尽くした目的が達成されないのならば、サハラにいても何もならない。自分が生きている限り、後悔は残る。なぜ俺は再び挑戦し、サハラを横断しなかったのか、と後悔すると考えたのです。再び行動をおこすには時間がかかり、検定、受験に少なからず影響を与えることは確かです。

でも今、何よりも感じることは、途中であきらめた自分自身の性格と意志の弱さです。砂漠の砂の上を裸足で歩き、考えました。この困難な問題に直面したとき、——再びラクダの旅を続けるか否か——死ぬ間際まで闘うか、サッパリあきらめるかによって、これからの人生に対する自分が決まると思いました。苦しく、失敗のときこそ、その人間が試されているのではないか、ちょうどそれに自分は直面していると。

そして、結論を出したのです。ラクダの死んだところに戻り、再びラクダを買い、東の果てを目指して旅立とうと決心しました。その準備のため、一五〇キロ南へ戻り、さらに五〇〇キロほど南へ飛ぶフランス人の小型機に便乗し、そのあとはヒッチハイクでこのラゴスに着いたのです。日本へ帰るのは、もう少し待って下さい。最後のすべてを賭けて、もう一度サハラへ挑戦してみます」（九月十六日付の手紙）

もう迷いはなかった。

ラゴスの苦悩、再起の日々

ラゴスはギニア湾最大の港町で、かつては十五世紀以来ヨルバ人の町として発展し、奴隷貿易の中継地であったが、今は近代化が進んで、中心街には東京と同じように高層ビルが威容を誇っている。人口約九十万人。

もともとラゴスは、ラゴス島、ビクトリア島、イコイ島、イット島などからなっていて、それらが橋で結ばれている。日本大使館があるのはビクトリア島。日本商社が二十七、八あり商社マンなど在留邦人の数はおよそ三五〇人、何かと心強い。

ラゴスに着いたのは十一日だが、その夜はトラックの中に寝て、翌日早く、日本大使館へ行った。日本人の顔を見るのも数カ月ぶりである。さすがに日本語で話ができるというのは懐しい。日本大使館のK氏がいろいろ面倒みてくれた。とにかく僕は無一文に近い。まず宿を確保することが必要だし、銀行のこと、国際電話のことなどを知りたい。僕がラクダ旅行をしてきたと話すと、K氏がうさん臭い奴がとびこんできたとも思わず、僕が金がないことを知ると、一〇ナイラ（五〇〇〇円）貸してくれた。それから風呂に入れてもらった。砂漠の砂と汗とほこりにまみれたアカを流したあとの爽快さ、それは僕しかわからない感動だろう。昼食もご馳走になった。宿はYMCAに泊まれることになった。なんだかホッとすると同時に、無性にママの声が聞きたくなった。心も疲れていた。自分の青春を砂漠に純化させ、これまで苦しい旅を続けてきた。そして再起を期して、いま僕はナイジェリアのラゴスにたどり着いた。ママは心配しているだろう。どこにいるのか、見当もつかず、アフリカの地図でも見ているのではないか。そう思うと、電話という文明の利器を通して、一声でもいい、ママと話したかった。

そのことを正直に言うと、K氏が深くうなずいて、わざわざ電話局まで送ってくれ、東京の自宅へラゴスから国際電話を入れるのを手伝ってくれた。

「ママ、僕だよ、元気かい？」

そう呼びかけたときのママのびっくりした声を今でも思い出す。

「タカシ、タカシなの？　今どこにいるの？」

ママの声は昂ぶっていた。どんなに心配していたか、その一声が鋭く僕の胸を刺した。

「ご免なさい、心配かけちゃって。でも、僕は元気だから、安心して。お母さんのほうこそ体はどう？」

今ラゴスにいることを説明しながら、なんだか胸が切なくなってくるのをどうしようもなかった。電話の状態はきわめて悪く、よくママの声が聞きとれない。ママが「少し体の調子がよくないけど……」と言うのが聞こえ、そのあとがまた雑音で消される。僕はすまないと思いながら言った。

「最後の親不孝と思って頼みます。二万円でいいから、ラゴスの日本大使館に送って下さい。これが最後の無心だと思って……」

本当に親不孝な息子だと自分でもあきれながら、ママにお金のことを頼むしかなかった。でも、その声がはっきりママに聞きとれたかどうか。三分間はたちまち過ぎた。ちゃんと最後の挨拶もする暇がなかった。電話を切ったあとも僕はもうママの声がしない受話器を握っていた。懐しさと同時に心配がどっと逆流してきた。

（ママは病気と言ってたけど、お金、大変だなあ。その上また二万円の無心をするなんて。金のことなんか言わなければよかった）

しかし、そう後悔はしても、いま無一文、頼れるのはやはり自分の母しかいなかった。とにかく、このラゴスで再挑戦の陣容を立て直さなければならない。

このラゴスに「時事通信社」の支局がある。そこの支局長の長沼節夫という人が、大使館から珍しい男がラゴスに迷い込んで来たというのを聞いたのか、会いに来た。

僕がこれまでの経過とサーハビーの死んだことなどを話すと、興味深く聞いてくれ、僕が再びサハラ砂漠に挑戦する決意を述べると、

「準備ができるまで生活するあてはあるのか？」と言う。

「まるでない。これから探すつもりです」

正直に言うと、長沼支局長が親切な申し出をしてくれた。

「それなら、うちで仕事を手伝いながら働いたらどうか。寝る部屋と食事は保証する。それから少ないけど、若干のアルバイト代もね」

それは願ってもない幸運だった。僕は運の強い男かもしれない。ラゴス入り第一日目で今後の生活が保証されたのだから。

僕は本当に周囲の人びとの善意に支えられてこれまで来た。孤独には慣れているが、再挑戦を決意したといえ、それがいつ実現するか具体的なあてもなにもないときだけに、ひときわ長沼支局長の好意が胸にしみた。

YMCAには十一日と十二日の夜、泊まって、十三日の午前中に「時事通信社」の支局へ移った。支局はイコイ島にあり、大使館からは車で五分くらいの距離だ。支局には、長沼支局長のほか、カメラマンの丸尾氏が住んでいる。ラゴスの在留邦人のために日刊のガリ切りのニュースが発行されていて、僕はその時事速報の仕事を手伝うことになった。ガリを切り、夕方から夜は刷りあがった物を在ラゴスの邦人宅を回って配る。それが主な仕事だ。

着いてすぐ長沼支局長が、その時事速報で僕のことを紹介してくれたので、僕はあっという間にラゴスの邦人たちに知られてしまった。その記事で〝ラクダ青年〟として紹介されたため、僕のラゴスでのニックネームは〝ラクダくん〟または〝ラクダ〟、これが通り名となった。

人びとは興味をもって、夕食などに招待してくれ、中華料理やおいしい料理をご馳走してくれる。僕は人間らしい生活をようやくしはじめた。

ラゴス入りしたとき、体調は最悪だった。サハラ滞在九カ月という旅行で、五十度の熱射、夜の冷え込み、食糧事情の悪さ、栄養不足など劣悪な要因が積み重なり、体力の消耗は極端に激しい。

さらに新鮮な野菜や果物を全然とっていないため、僕は壊血病に冒されていた。壊血病は、ちょっとでも傷をつくると、化膿し、治らない。強力な薬を使って治しても、しばらくすると再発する。僕はその壊血病に冒されていた。

したがって、ラゴス入りしたのは、再挑戦の資金をつくるのはもちろんだが、体力の消耗を回復し、壊血病を治し、再び頑健な体力にするという目的もあった。砂漠の砂の上とは違い、うまいものを食べ、柔らかいベッドに寝て、快適な生活を送っている。まるで天国と地獄だと思う。だが、僕にはその地獄にいることが天国なのだ。何としても、資金を早くつくる必要がある。文明社会に入って一息ついたところで、僕はやはりママに手紙を書かざるをえなかった。

「病気は大丈夫ですか？　親不孝な息子より迷惑な注文をした手紙（以前）と、今回の国際電話で、ママの病気が悪化しなければと思っています。詳しい手紙を書いてよこせというお話でしたので送ります。

国際電話で、お互いに声をハッキリと聞くことができなかったので、完全にこちらからいった英語、そして番号が聞こえなかったのではないかと心配しています。

こちらへの送金方法を伝えたとき、十分に理解できなかったのではないかと思っていますので、改めて書いておきます。

送り先：ラゴス、ナイジェリアのアメリカ銀行（Bank of America Lagos Nigeria)

送金地：東京のアメリカ銀行（住所・こちらにて不明）

受け取り人：タカシ・カミオンユ

目的：トラベラーズ・チェック作成のため。

方法：電送、個人受け取り。

二万円、大変でしょうけど、お願いします。資金づくりの困難さをかみしめています。しかし今、僕のこの生命が燃えているかぎり、サハラに挑戦します。

なぜ、旅を再び実行すると決めたか。困難に向かおうとする、今のこの青春の心、気持ち、それを十分に燃やして悔いのない青春を送りたいのです。死ぬ危険は、今までに比べたらさらに高いでしょう。でも、その危険に自分の精神と肉体をぶっつけて、その中から、死にものぐるいの中から、自分を本当の自分らしく凝視《みつ》めてみたいのです。

僕は、十分にやれる自信があります。もちろんのこと、大変です。それを乗り切ったときの壮快さ。これを味わいたい。これは、全体からみれば、小さなことです。僕は自分の青春のすべてを賭けて闘う巨大な相手を目の前にしています。それが前人未到のサハラ砂漠横断、ラクダの旅なのです。

散々、迷惑をかけているので、空々しく読むにたえないでしょう。でも、以前、二年三カ月旅をしたときに比べ、ラクダの上に乗った旅は、多くのことを考えられました。苦しければ苦しいほど、自分の性格、考えなど、裸の自己が、他人の目を気にすることなく現れてきます。必死になり、自然と闘わなくては生きていけません。その中で、自分の弱さを知ります。次の旅で、さらに自分の哲学（オーバーですが……）をつくり、まとめてみたいのです。ただ、僕は行動力はあるが、頭の悪いのが問題です。お体を大切に……。

最大限の援助を願い、最大限のベストを尽くすことを約束し、この手紙を送ります。ある親不孝者より、ママへ」（九月十七日付）

ママのほかにも、菊間さん、親友の蛭川晃助に手紙を書いた。いずれも借金の申し込みである。アフリカにいて、今頼れる人間はこの三人しかいない。すまないと思う。自分の勝手な旅のために、他人に迷惑をかける。許されないことだ。それでもなお頼らなければならない僕の窮状。蛭川にあてた手紙。

「まったく無理な注文ばかりする男である。しかし、その無理を理解してくれるコウスケと、勝手に考えている悪いクセがある。金額はそちらで決めてほしい。また借金の無心なのです。なにしろ、ここで最低二十万円をつくろうとし、その額と可能性の断絶に自ら嘆いているといえば、現状の苦しさをご理解いただけるでしょう。この手紙の返事を速達ですぐほしいのです。そうでないと、ここの出発が決まりません（もっとも金がなくて、出発できないかもしれませんが……）。壊血病を知ってる？　ニジェールへ行ってからしばらくして、それからナイジェリアへ下ってくるときにかかった。サハラに九カ月ほどいたので、新鮮な野菜と果物の不足からビタミンCが不足し、血液が汚れる。そのため、傷をつくると化膿し、ウミがたまり、しだいに広がってゆく。

薬は使わないようにしていたので、傷は悪くなる一方。ここに来てからは薬を使い、食事に栄養ある物をとり、果物などをふんだんに食べている。日本では、かかりにくい病気であるのです。ハイ！

ここから出発まで、もちろん計画をねるが、次のラクダの上で考える材料を仕入れるために、本を乱読いたします。受験勉強を少しずつしていたけれど、すぐに忘れて困る。だいいち、むずかしすぎて興味もすぐつきる。覚えるのには、絶好のチャンスだというのに！　もっとマジメにやります、と反省をこめてこの手紙を送る」

九月二十九日。この家に来てから、もう十六日がすぎた。その間に、「時事通信社」にこれまでの旅を原稿にして渡した。原稿料と写真代で一〇〇ドルもらえることになっている。毎日の生活は、土、日を除いて、平日は十二時から六時頃まで、時事速報のガリ切りを手伝っている。夕方から夜は邦人宅へ配達めぐり。井辻宅、谷口宅へはよく行く。先週は、オランダ人ライマ氏（夫人は日本人）宅で宇津宮夫妻と夕食に招ばれ、夜中の二時頃までダイスをふって遊んでいた。

時間があるときは読書。一日に一冊以上読んでいるが、多読型なので、その本のポイントを十分に理解せずに終えてしまうことがなきにしもあらず、残念である。しかし、ここで読むと、日本で読んだときよりは異なった考えをもつようで、読み方も違う。

『アラビアのローレンス』は三回読んだ。一回目はモロッコ、二回目は日本、そして三回目はここ。それぞれ、まったく視点と感じ方が違う。これほど感想の違う本はなかった。ローレンスは〝超人〟だと、つくづく思う。それに比べたら、僕などは――。

だが、次のサミュエル・ジョンソンの言葉が励ましてくれる。

「勤勉と熟達があれば不可能なことはほとんどない」

ここで第一次旅行を総括反省し、フェニックス作戦に備えるのだ。

十月一日は、ナイジェリア独立十四周年記念の日だった。ナイジェリアはイギリスから独立して連邦共和国になった。かつては、十五世紀にポルトガル人が来航以来、ヨーロッパ諸国が奴隷売買をおこない、奴隷海岸と呼ばれていたほど、ここは悲惨な歴史をとどめている。独立してからも問題が解決したわけではない。一九六七年に内乱が起こり、東部州がビアフラ共和国を宣言したため、連邦政府と武力対立し、外部との補給を絶たれ、二〇〇万人に近い餓死者や戦死者が出て、ビアフラの悲惨さが全世界の注目を集めたのもここの国だ。アフリカの新興独立国はどこでも大きな問題をかかえている。

夜、長沼支局長は国家首席主催のパーティーに行った。

東京から金はまだ届かない。手紙も来ない。最低十万円はどうしても必要だ。想像するところ、日本も大変なのだと思う。当たり前。突然、アフリカから手紙が来て「お金送れ」と言われたって、おいそれと「ハイ。送りました」といくわけがない。でも、フェニックス作戦は何としてでも実行したい。

モーリタニアにいる頃は、今にして思えばまだ遠足気分のようなところがあった。今はまったく賭けている。一言でいえば、自分の死を賭けている。

これからの砂漠は夜の冷え込みがさらに厳しくなる。食糧、水、自然、孤独、これもっと苛酷になる。しかし、今、それを放棄することはゼロというよりマイナスが残るだけだ。なぜなら、この旅は人生の荒波を乗り切るよりは、はるかにたやすい。これを乗り切れないような人間がなぜ、人生を生き抜くことができるか？

一つの目標を目指したのに、一度の障害で退却したら、死ぬまで前に現れる数々の困難にたやすくギブ・アップしてしまう、そういう人間になってしまうだろう。そういう意味で、青春の旅は人生の原点なのだ。この旅は僕にとって、着実な人生を築く第一歩なのである。この旅を成し遂げて得る自信は、自分の人生を邁進するために、どうしても必要なものだ。別に力んでいるわけではない。心の底からそう思っている。それがこれまでの旅を続けて得た僕の結論なのである。

辛抱強く、金ができるのを待とう。このラゴスが第二次旅行の出発点となる。ヌアクショットまで一緒にヒッチハイクしたフランス人のあのインテリが言っていた。「人生は前進であり、引き返しはないとナンセンは言ったが、失敗したら恐れず、引き返し、万全の準備を整えて、もう一度前進せよ、それが本当の勇気であり、前進だ」

たしか、こういう意味のことを言った。まったく、そうだと思う。今にしてこの言葉が胸にひびく。彼は今、どうしているのだろうか。

お母さん、長生きしてください

モーリタニアでラクダを買って旅に出ようと歩き回っていたときと、束の間の休息をとりつつ新しいラクダの旅を考えている今では、ずいぶん考えが違っていると思う。

以前は死に対して、僕は絶対に死なない、もしこの旅で死んでも自分の本望だから、何を恐れることがあるかと思っていた。

その心境に変化が現れてきている。いくら自分で否定しても、自分だけはごまかせない。死への恐怖と生への未練。何がそうさせたのか。

この「時事通信社」での文化的な生活と邦人の家を回り、毎日本を読んで考えている快適な生活ぶりが、このような影響を与えたのではないかと思う。

生活を楽しみ、遊び、雑談をして笑っている人たちの生活と自分の砂漠での炎熱地獄のたった一人ぽっちの生活とは雲泥の差がある。天と地ほど異なる。故意に比べなくても、今の生活を続けていると、決断がどこかで砂の音をたてて崩れそうだ。人並みに生きれば、皆と同じように生活を楽しめるのに、という潜在的意識が働いている。

なぜ、苦しい旅を僕は再開するのか。

チャド～スーダンの間は危険で、たぶん死ぬとしたら、ここになるだろう。もし、俺が死んだら……と、ふと考える。僕はこれからの人生を有意義に生きていこうとする気持ちがあり、何としてでもそのようにするつもりでいる。死んだなら、すべては無であり、僕というものの存在は土に帰す。来世を僕は信じない。

こんな旅で命を失うのはバカだ。万一、死んでしまったら、この素晴しい人生を棒にふってしまう。そのバランスの谷間に、僕は今、立っている。

考え方がかなり打算的になったと思う。保身的になった。つまり、年も精神年齢も大人になったのか、僕が軽蔑していたあの大人に！　ラクダを買う前の、あのあぶなっかしい情熱の炎が少し小さくなっているのを、僕は今、正直に認めなければならない。

だが、やはり、旅を完遂させたい！　その思いは絶対的なものだ。僕が自分の心に課した絶対至上命令、それがこの旅なのだ。情熱、若さ、自分、哲学、自信、人生の意義、孤独、仲間とは、決断力、忍耐、勇気、夢……、それらが圧縮されているのが、僕にとって、このラクダの旅なのである。

〝旅〟、これが僕の人生を変えてきた。十六歳のときの国内ヒッチハイク。十七〜十九歳の海外ヒッチハイク。そして、二十〜二十一歳のこの旅。それらが僕を変えてきた。

もし、高校を中退せずに人並みに歩いていたら、もっと小さな人間になっていたろう。もちろん、年とともに変わっていくが、同じ二十一歳でも、今の僕とはもっと違った人間になっていたに違いない。利己的で、大学受験だけに汲々とし、目先の利益しか考えない独断的で愚かな人間、他人のことなど眼中になく、自分だけよければそれでよいという、思いやりのない人間、生きる目的を本質的に失ってしまった生ける屍、そんな人間になっていただろう。

旅は、そういう愚かしく生きることのつまらなさを教えてくれた。ただ残念なことは、旅に出たことによって、勉強できなかったということである。しかし、僕は生きた勉強をしている。それはいずれ近いうちに取り戻すことが可能だと信じている。

このラゴスで、いろいろなことを考えている。手紙は来ず、金も届かない。そのことがいらいらさせるが待つしかない。待つことも人生のうちだ。

ここに転がりこんでから、四十二日過ぎた。明日、二十六日は、長沼支局長がロンドンへ飛び立つ、これまでの日記やフィルムを彼に託し、東京に送ってもらうことにした。貴重な旅の体験とサハラ砂漠のニオイの滲みた日記が、無事に日本に届けられることを祈るばかりだ。

ここに来てから、月〜金の間は速報のガリ切り。漢字を十分に知らないので情ないが、辞書を引き、かなり覚えた。それにもまして、ここではいろんな日本人と会えるので、人と話すことが面白くてたまらない。多種多様の日本人と話し、彼らの考えなどを聞くと、本で読むこと以上に、皆さん教養があるので本にない新鮮さを覚える。

長沼氏は、大変に人がよく、人間性も、すべての方面に関する知識もすばらしい人であり、話をよく聞いてくれ、納得のいく説明を加えてくれる。話術も上手で、僕は知らず知らずのうちに多くのことを教わっている。

それに比べて、僕はまだまだ悩み多い青年である。いつも人生のことを考えてしまう。このせちがらい世の中、見果てぬ夢を追っていくドン・キホーテだ。ドン・キホーテの夢をかかげ、公害を地球からなくすために人生を使う。それが僕の最終的な大いなる希望だ。たった一度の人生である。死ぬときは三途の川を渡る六文銭だけあればいい。金も財産も名誉もいらない。

大人になると利己的になり、自分本位に生きていく人が多い。けれども、青春のときにもった単純な若者らしい夢を失わないようにしなくてはならない。人より遅れている僕にとって、何より必要なのは、どんなに短い時間でも惜しみ、たえず勉強していくことも無論だが、夢をもち続け、それに向かい、ひたすらガンバルこと、そのような人生を送ることだ。

生きるということは、考えるほど楽ではないみたいだが、しかし、挑戦すべきものである。何はともあれ、今は金を待ち、そしてラクダの旅を完遂させることだ。

僕は、長沼氏に頼む日記の最後にこう書いた。

「再びサハラへ戻り、サーハビーの死んだ所からラクダに乗って東へ向かう。我が前途に栄光あれ！　七四・十・二十一、ラゴス。タカシ・カミオンユ」

長沼支局長がロンドンへ発ったあと、家と菊間さんから待望の手紙が来た。金はなんとか工面するという。涙が出るほど嬉しかった。

僕はすぐ確実にその金を入手するため、送金方法を書いて送った。菊間さんへの手紙。

「そちらより、十月二十六日に送られました速達の手紙、今日三十日（？）に受け取りました。その送金のことですが、この方法は、貴殿がまだ送っていないとしての作戦です。銀行がＯＫしてすでに発送していたら無効ですから念のため。

まず、その方法とは、銀行より送らず、日本円をドルに換金し、手紙の中に入れて送ってほしいのです。友人の蛭川君と家の金についても同じですので、まことにご迷惑でしょうが、連絡して下さい。

ドルを銀行で換金する際にはパスポートが必要です。それは蛭川君と僕の友人がもっているので代行してもらえるものと思います。

それらのお金を五〇ドル紙幣（または一〇〇ドル）に換え、こちらの指定する住所に送って下さい。五〇ドルとしたのは紛失した際を考え、また分散したのは、郵便局で開けられて知られるのを防ぐため。入っているのを知ったら、彼は取ってしまうでしょう。

送り先の住所

①この封筒の住所宛に一〇〇ドルを速達で送って下さい。

②次の住所に、一〇〇ドルを同じく速達で。

Takashi Kamionyu (Kobayashi)

℅ Embassy of Japan 24/25 Apese Street P. M. B 2111

Victoria Island Lagos Nigeria

③右記の住所に五〇ドルずつ、これは普通便で。速達と同時に発送して下さい。

④次の住所に、五〇ドルを普通便で。

Takashi Kamionyu

℅ Embassy of America Niamey Niger

手紙の中の便箋は二枚程度にし、紙幣が目立たぬように折り、外から触ったときに便箋以外何も入っていないと思わせるようにして下さい。

発送までのプロセス

(菊間氏・母・蛭川君)現金→換金(パスポートをもっている人同行)→手紙に同

封→発送（速達と普通便で）→ラゴス。バンザイ！

ラゴス宛は四通。さらに旅の途中で一通受け取ります。合計五通。お願いします。気持ちが昂り、早く出そうとしているので、字も乱れてしまいましたが、ぜひよろしくお願いします」（十月三十日付）

心は昂っていた。これでサハラ砂漠への再挑戦ができる。その夜、感激のあまり眠れなかった。フェニックス作戦の計画はできている。サーハビーが死んだところから、新しいラクダで旅を再開、残り四〇〇〇キロの道なき路をポート・スーダンまで横断するのだ。

ニアメーまではヒッチハイクで北上し、その付近で新しいラクダを探す予定である。

壊血病もほぼ治り、体の鍛練も欠かさなかった。毎週二、三回、大使館で在留邦人の奥さんたちとテニスをやったり、さらに水泳をやって体力づくりに励んでいる。

十一月十日、日本人小学校の運動会が開かれた。僕はサッカーに出場。大いに活躍してちょっぴり株をあげた。皆んな、〝ラクダくん〟と言って可愛がってくれる。その人たちのためにも、僕は旅を完遂させなければならない。

ところが、この手紙を送ったあと、僕は重大なミスに気がついて、青くなった。ラゴスの東京銀行の人に送金のことを聞いたら、「送金制限額が二〇〇ドルになった」と言う。これでは円の全額をドルに換金することはできない。頭をかかえ、長沼支局長に相談すると、彼が名案を授けてくれた。

長沼氏の夫人が千葉に住んでいる。長沼夫人へ日本円を届ければ、その旨、いくら受け取ったか、長沼夫人から速達でラゴスへ連絡がくる。そうしたら、長沼氏がその日本円に相当するドルを僕に渡してくれるというのである。

僕は長沼支局長の好意に感謝し、菊間さんに大至急、変更の速達を送った。不安だった。中途半端な行き違いになったら、また善後処理で時間がかかり、いらいらしなければならない。自分のウカツさを呪った。こんな初歩的なミスは、最初から東京銀行の人に聞いておけば犯さずにすんだはずだ。

不安な日が続いた。連絡は何もない。

十二月に入って、菊間さんの手紙がラゴスに着いた。この手紙を受け取ったときの感動は言葉で表せない。鼻の奥がツーンとした。人がいなかったら、きっと泣いたろう。

僕は菊間さんに感謝の返事を出した。

「拝啓、今月の十日に貴殿よりの手紙を受け取り、多大なる援助と期待に感謝します。

十四日に長沼アツ子夫人よりの手紙が、長沼氏に届き、これにて私は確実に旅費を手に入れることができました。貴殿の二十万円に日商岩井の駐在員が私へ一〇〇ドルをカンパしてくれ、ここより東京の時事通信社へ送った原稿料一〇〇ドルが手に入りました。しかし、それら二〇〇ドルは装備費として消えるでしょう。

オランダ人を夫にもった日本婦人は、ときどき、私を食事に招いてくれます。そのライマ氏が、私に援助としてメガネの代金を払ってくれると言います。居候をさせてくれている長沼氏、食事に誘ってくれた多くの日本人たち、数々の人にお世話してもらっています。

しかし、出発前に十万円、そして今回二十万円貸してくれた菊間秀卓氏がいなかったら、基礎工事がまったくできていない超高層ビルのようなものでした。意気込みと外見だけはできているが、いずれ失敗する、倒れてしまう運命のもの、それこそ砂上の楼閣でしかなかったでしょう。

改めてお礼を申しあげます。そして、必ず成功して帰ることを約束します。

上温湯隆、この旅でいろいろと得るものが多かったと思っています。来てよかった、とつくづく感じています。ラクダの上で一人で考え、多くの疑問をもち、たえず勉強しなくてはならないと自覚しました。

今の私は白紙です。それにこれから少しずつ、確実に絵の具をぬり、よりよい絵を完成させたいと、若者らしい大きな夢をもっています。

ラゴスは今、乾季に入り、雨はほとんどなく、泳ぐのにはもっともよいシーズンです。ストーブをバンバン燃やしながら、日本でこの手紙を読んでいるものと想像しています。

うらやましいですか？　私をうらやまないで下さい。今週の土曜日に前出のライマ夫妻とモーターボートで遊ぶつもりでいます。（野郎！　意外と楽しんで暮らしてやがる。こっちは心配して早くしようと気をもんでいたのに）などと、怒らないで下さい。あと一カ月もすると、淋しい一人旅がまた始まるのです。

サハラに対して、今の心境は、サハラに拒否されたことへの憎しみと挑戦心が四

○パーセント、一度目指した目標を中途であきらめることは自己形成によくない、

旅の中で自己を凝視《みつ》めようという気持ちが四〇パーセント、借金返済のために本を書くという目標が一五パーセント、残り五パーセント、ラクダに乗ることの楽しみです。

長々とくだらないことばかり述べました。貴殿もいろいろなことをしますね。少林寺拳法、役所の仕事、落語、英会話、そこへもってきて今度は指圧。健康、生活、趣味、教養、副業と理解していいでしょうか。分かるまでそうしておきます。よい年をお迎え下さい」（十二月十五日付）

乾季に入ると、ラゴスは毎日三十五度をこす。うだるように暑い。サハラ砂漠の中心部へ行けば、炎熱地獄は六十度以上になる。そこへの再挑戦、金もでき、準備も着々と進んだ。出発も年内にするつもりでいた。

ところが、その出発を目前にして、僕はとんでもない事件に巻き込まれてしまった。

時事通信社の支局で使っていた黒人が一二〇万円の現金を盗んだ。長沼氏がすぐ警察に突き出したが、黒人は「盗んだ覚えがない」とシラを切る。それで裁判に付されることになり、僕は証人として裁判に出なければならなくなってしまったのである。

僕は足どめされた。黒人が盗んだことは明らかなのに、オフィスで言ったことと警察で言うことはまるでデタラメ、すべてを嘘で固めて押し通そうとする。裁判は十二月中旬に第一回目があったが、これといった話し合いもなく、来年一月十七日に二回目の公判があると裁判官がいって、その日は終わり。結局僕は一月十七日まで出発できなくなってしまった。

僕に同情したある在留邦人が慰めてくれた。

「この国の役人は、外人にワイロは強要するし、裁判官でさえも金で動くと、当のナイジェリアの信用できる人間が言っているくらいですからね。裁判は証拠不十分として、あの黒人が無罪になる可能性だってありますな。この国にはこの種の事件が多いんですよ。ラクダくんもエライ事件に巻き込まれましたな」

僕はなんだか淋しかった。僕の大好きなアフリカの人間のなかに、モラルも正義感も正直も、すべて人間にとって大切なものを失った人間のいることが、無性につらかった。

こうして一九七四年の旅は、未完成のうちに終わり、年が暮れた。

明けて、一九七五年——。

在留邦人たちと一緒に正月を迎えた。いよいよ希望の年である。残り四〇〇〇キロ。追跡サハラ横断の旅が開始される。

ママから手紙が届いた。外国でママから手紙を受け取るのは一年ぶりであった。

「母者殿へ
今日、ママより送られた手紙、無事に受け取り、大変うれしく思います。ママから手紙をいただくのは、昨年一月に蛭川君たち十数名と共に送られたとき以来ですから、一年ぶりです。本当にありがとう。

お手紙では、体の各所に病気があるとのこと、心配しています。ママの年齢を思い、二十二歳になったこの僕の今の行為を思うと、大変な親不孝者と詫びたい気持ちで一杯です。

送金をするために無理をさせてしまったこと、ご免なさいね。自分自身が情なくなりました。勝手に自由奔放に生きて、ママに多くの心配と迷惑をかけたこと、心から反省しています。これ以上は絶対にママを苦しめないよう、努力しますからね。

以前日本にいたときの僕と、これから帰ったときの僕は絶対に変わっているはずです。今まで育ててもらったお礼として、これからは親孝行させてもらいますから、ママ、必ず長生きして下さいね。

僕はときどき、ママの複製ではないかと思うときがあります。ママの若いときの血が、自然と僕の中に入っているのではないかって。だから、他人に親のことを話すときなど、ついママを自慢しているのです。『才能と行動力のあった母は、十分にその力を発揮できずに年をとってしまった』って。

ママの半生を参考にし、僕は必ずこの人生を自分なりに最大限に生きていく決意でいます。ママの人生はあと二十年も三十年もありますから、十分に僕の将来を見ることができます。必ず見せます。だから、必ず長生きしてくださいね。

今から日本へあと六、七カ月はかかるでしょう。これからの道程は厳しくなりますが、自分自身への自信と若さと情熱が道を切りひらき、横断旅行はきっと成功します。それまで、しばらくの間、親不孝を許して下さいね。何だか、急に泣きたい気持ちです。笑わないで下さい。

菊間氏、長沼氏夫人への年賀状ありがとう。ラゴスの支局にトラブルがあり、ここ二カ月あまり足止めをよぎなくされています。二月十七日にもう一回必要なこの身です。どうなっても、来月の十日頃には旅に出ることになるでしょう。僕が帰るまで、ママ、元気で待っていて下さい。真っ黒い顔で帰っていくから黒人と間違えないように。さようなら」(一九七五年一月二十一日付)

恥ずかしいけど、ママへの手紙を書きながら、なんだか泣きたかった。涙がこぼれそうになった。出発を目前にし、ママと会える日まであと半年だというのに、あれは何の涙だったのだろうか。僕はまだ甘えん坊の子供にしかすぎないのかもしれない。今日はまたすごく暑い日だ。気温、摂氏三十八度五分。

死への旅立ち

俺は命あるかぎり、お前に挑む！

サハラ砂漠への再挑戦の旅は、まもなく始まる。僕の心は躍っていた。あの神秘的で偉大なサハラの自然の懐にまた帰っていける。準備する心もはずんでいた。

だが、まるで僕の旅を邪魔するかのように裁判がちっとも進展しない。まるでやる気がないというのか、七回も公判に引っぱり出されたというのに、裁判は延期また延期。そのたびにまた一カ月、翌月の公判日まで足止めされるのだから、忌々しい。これでは出発のめどが全然つかない。

怒りをぶちまけてみても、まるで長沼氏と僕が外人だから、わざと意地悪でもしているかのように、裁判は遅々として進まない。

この手紙を受け取ったら、今頃サハラ砂漠の砂の上にいると想像しているママは、きっとビックリするだろう。

「当地にて十九日おこなわれた裁判は、来月の三十一日まで延期になりました。しかたがないので、それまでいる予定です。その間四十日余り、ムダにすることなく何かしら勉強しようと思い、そこでお願いがあります。本を一冊送ってほしいのです。

『英文解釈の基本文型二〇〇』(海江田進、昇竜堂出版、四〇〇〇円)

八幡山駅の下にある本屋に尋ねてみて下さい。その本は小さなビニールに包み、小包み用の封筒に入れて送って下さい。とりあえずこれだけお願いします」

うんざりするほど憂鬱な気分の中で、二月、三月と過ぎ、もう四月になってしまった。いくら何でももうこれ以上は待てない。限度にもほどがある。こんなバカな連中を相手に貴重な青春の時を無為に失うなんて、もうガマンできない。

「いつ解決するかもわからない、こんな理不尽な裁判にかかわっていては、サハラ横断の時期を逸してしまう。国外退去でも追放でもいい。僕は一日でも早くラゴスから出たい」

僕は長沼支局長に相談した。

「だいいち、判決が下りても、オフィスの金が戻ってくるわけではない。そのいつ下るかわからない判決まで、とうていこれ以上は待てない」

長沼支局長も僕の苦悩を察してくれた。あとは何とかするということで、長沼支局長はこう言ってくれた。

「何か、ラゴスの在留邦人の皆さんに、お別れの挨拶を書きなさい。皆さんが〝ラクダくん〟の旅の成功を祈っているんだから」

僕は胸が熱くなった。サーハビーが死んで挫折した失意の僕を、温かく励ましてくれたのは、このラゴスの在留邦人の皆さんだった。長沼支局長はじめ、丸尾カメラマン、それに日本大使館の方々、在留邦人の皆さんが僕を再起させてくれた。

僕は十八日の夜、それらの方々のやさしい顔を一人一人心に描きながら、時事速報に載せる出発のお礼の言葉を綴った。渾身の熱情をこめて書いた。

「砂漠の向こうに何がある？

サハラよ！　今、懐しき汝の胸に、俺は戻る……。お前と別れて七カ月、俺はラゴスにいた。この憎しみあまるラゴスに！　サハラよ、ここを去り、お前の砂の上に再び立つ喜びに、俺の心は躍っている。あの黒人の踊りよりさらに巨大なエネルギーを秘めて。

砂と太陽の鎧に身を固めているお前は、デッカイ人間の体であり、それを西から東へと、ラクダに揺られ横断しようとしていた俺は、あまりにも小さな、そして無力な一匹のノミでしかなかった。五カ月の間、ラクダに乗っていた俺の体と魂は、ゴミ箱に捨てられた、あのボロゾウキンのように疲れ果てていた。

七〇〇〇キロある広大な体。お前は、その未開という名のプライドを守らんがために、俺の愛するラクダ、サーハビーを天国の旅路へ去らせた。それも、まだ、三〇〇〇キロの地点で……。

お前は、その仲間の太陽を使者とし、五十度を越す光線で、この肉体の水分を奪おうとした。あるとき、冷たい風を使い、三十分しか眠れぬ夜で、俺を包んだ。砂、砂そして砂。足を棒にさせ、砂丘で行く手をはばみ、砂嵐は目をふさいだ。行けど進めど、オアシス、井戸にたどり着けない不安、倦怠に包まれた小さなオアシス。

だが、お前の厳しい自然界は、何と多くの生きる喜びを教えてくれたことか！

食糧がなく、さまよった三日と半日、その時発見した遊牧民のキャンプ！　水がなかった数日間、井戸を見つけたときのうれしさ、水は体を貫くように、口から胃へと走り、生きていることを自覚させてくれた。苦しみと喜びを交互に与え、お前の太陽は俺のエネルギーをジワジワと抜き取っていた……。

『自然、それは征服されるためにある』

と、考えていたヨーロッパ人。その一人のイギリス人が、俺と同様にラクダで、お前の鼻をへシ折ろうとした。だが、貴様は、彼に死ぬ寸前までの苦しみを与え、イギリスへ追い返した。そして、二人目の挑戦者、この俺を三〇〇〇キロでノックダウンさせた。

だが、サハラよ！

俺は不死鳥のように、お前に何度でも、命ある限り挑む。

正直に、お前に語ろう。恐怖におおわれた闇、お前の体に抱かれていた夜に、何度〝死〟という言葉が脳裏で舞ったか。果てしなき砂の中、道もなく、人も住まぬ所で、わが友とするラクダが、別の世界へ去ったら……考えるだけでも恐しい。

しかし、それが貴様の魅力だ！　だからこそ、俺は貴様の虜になった。敵愾心に燃えた心に、ふと恐怖の黒い雲が現れても、俺はそれを乗り越えて、この足は地平線の彼方へと一歩ずつ近づく。『冒険とは、可能性への信仰である』

こうつぶやき、俺は、汝を征服する、必ず貴様を征服する！　それが貴様に対する、俺の全存在を賭けた愛と友情だ。

きらめく星は流れ、やさしき風が流れ、素晴らしき青春も流れ去る、流れ去るものは美しい、だから、俺も流れよう。


やせたラクダが、ラゴスに来たのは昨年の九月、七カ月あまりの滞在。多くの面で皆さまにお世話になりました。再びサハラに戻ります。定評ある（?）この時事速報の紙面を借り、お礼申し上げます。

いつの日か、風に乗って、この旅の結果が伝わることを祈って……。

ラクダこと、上温湯隆」


この一文は、十九日の時事速報に載った。自分でガリを切り、自分で一軒一軒配達して歩いた。感謝の気持ちをこめて、お別れを言った。黒人の不愉快な事件もあったが、ラゴスは何といっても、僕の再生の町である。皆が、旅の成功を祈ってくれた。

「あの文章、とってもよかったよ。感激した。無理をしないでガンバって下さい」

皆んな、固く握手をして激励してくれた。

さらば、ラゴスの町よ。

四月二十一日、別れの日である。長沼支局長がポンと力強く、肩をたたいた。

「ラクダ、元気でな。あとのことは引き受けた。心配するな。自然をあなどらず謙虚な心で行けよ。無事、サハラを横断したという記事をこの時事速報に載せる日のくることを祈っているよ」

支局の人たちが皆、別れを惜しんでくれる。僕は深々とお辞儀をした。

「本当に長いこと、本当にお世話になりました。ありがとうございました。このお礼は、必ずサハラ砂漠を征服して日本に帰り、東京で再会したときにさせていただきます」

別れのときは来た。

僕は準備を重ねてきた重い荷物を背にすると、とりあえずカノーを目指して北上した。フェニックス作戦の前提はまずメナカまで戻ることにある。そこはサーハビーが死んだ地点である。メナカで新しい元気なラクダを買い、サーハビーの死んだ場所から残り四〇〇〇キロ、東のポート・スーダンまで追跡横断する。七カ月前の挫折と傷心の旅と違い、引き返す僕の心は勇躍、希望と猛烈なファイトに燃えていた。

ヒッチハイクも順調にいき、カデナを経て翌日にはもうカノーに着いた。ここには国連のマラリア研究所に勤めている日本人のドクター夫妻がいる。知己の間柄なので、その夜はそこにお世話になった。サーハビーが死んで、ラゴスへ南下するときもここでお世話になった。夫婦はまたサハラへ挑戦するという僕の姿をみて驚いたが、快く泊めてくれた。何はともあれ、僕の旅の再開を待っている菊間さんへ、ここから手紙を出した。この旅に賭ける僕の並々ならぬ決意を披瀝したつもりでいる。

「お元気ですか？

小生、ラゴスを二十一日に出発し、二日前にナイジェリア北部のカノーに着き、明日ニアメーを目指して当地を去ります。

いよいよ、再びラクダ旅行の始まりです。ラクダに乗るまでの問題は、マリ共和国に入る前に、ニアメーでマリ・フランを集めなくてはならず、スムーズにおこなえばいいのですが、どのくらい時間のかかるものか、まったく見当がつきません。

残り四〇〇〇キロ。一頭のラクダで何とかできるかもしれませんが、チャドとスーダンの間が困難なようです。ただ以前に比べて、だいぶラクダの使い方がうまくなったので大丈夫だとも思っています。

そこで、お願いがあります。このことは母にも知らせないで、貴殿の胸の中にだけ秘めておいて下さい。

小生が努力し、苦難に耐えて旅を続けたとしても、自然の巨大な力、または人為的なことで不幸な事態がないとは断言できない。

もしも万一、不幸にして小生の身に最悪の事態が起こったとしても、外務省にナンダカンダと問いあわせたり、アフリカの大使館に捜索を依頼するようなことはしないで下さい。これは僕の心からのお願いです。

まず、その時点ではすでに間にあわないし、そして広大なこのサハラのどこに小生が眠っているかわからないでしょう。あまりガタガタ騒ぐと、日本人はここぞとばかり、非難をするだけです。

冒険には犠牲がつきものです。成功するか、失敗するか、万全の努力をしてもそれは終わるまでわからない。失敗し、万一死んだとしても、それはサハラにとり憑かれた男の本望です。覚悟はできています。

ここまで読んで、勇気を失ったのではないかという心配は無用です。万が一のことで、他の人びとに迷惑をおよぼすことのないようにと思っているだけで、必ずサハラを横切ってみせます。

町や郵便局のあるオアシスからは絶えず一カ月に一回のわりで手紙を出すし、郵便局のない地域でも二カ月に一回は、貴殿と母に手紙を送ります。六カ月間、両方に一通も手紙がないときだけ、先ほどのお願いのようにして下さい。

再びラクダに揺られ、四〇〇〇キロを一歩ずつ縮めていくと考えるだけでも楽しい。それを成しとげたら、どんなにうれしいことか。旅そのものは苦しいけど、その果実はどんなに美味なことか……。

吉報を待っていて下さい」（四月二十四日付）

この心に嘘いつわりはなかった。虚勢でもない。真実そう思っている。死は覚悟のうえである。ただ死んだあとまで醜い騒ぎをしたくはなかった。死というと、僕はいつもママの言葉が頭の中にこびりついている。

「人間の価値はその死に際で決まる。いくら生前、口で立派なことを言っていても、死ぬ瞬間に往生際の悪い人はとるにたりない。潔く死ぬように心にとめておきなさい。昔の武士の切腹、あの勇気と潔さ、その心だけでも学びなさい」

鹿児島・島津藩の武家の血を引く厳しいママはいつもこう言っていた。死ぬとき、未練がましく右往左往するのはみっともない。もしもサハラ砂漠の上で、予期せぬ不幸に見舞われたにしても、その覚悟だけはできている。それを菊間さんに伝えたつもりだ。

カノーからさらにヒッチハイクで今度は西へ戻り、ニアメー（Niamey）にも順調に着いた。ここで珍しい日本人夫妻に会った。ラゴスにいたとき、『車とその世界』という雑誌で、表紙がサハラの砂丘の写っているのを見たことがある。この写真を撮ったのがこの夫妻である。

北から来て、ニアメーに寄り、アガデェス、ビルマのほうへ行くという。むろん、彼らは車だ。僕はこのニアメーの北方でラクダを探す予定でいたので、そのことを話すと、快く一〇〇キロほど乗せてくれた。

彼らはアルジェリア語に詳しく、サハラのこともよく知っている。ここにもサハラの魅力にとり憑かれた人間がいたのかとうれしくなって、お互いに話がはずんだ。

「日本に帰ったら、一緒にサハラ協会をつくりましょう」

と、意見が一致して、別れた。

ニアメーの北方一四二キロのところにある村で木曜日にマーケットが開かれ、そこでラクダも安く買えるという情報を聞きこんだので、ここまできたのだ。

確かにラクダが多くいた。今度はラクダの生きた知識もある。丹念に一頭ずつ見て歩いたすえ、一頭のラクダが気に入った。気性がすこし荒っぽいがすこぶる元気がいい。値段は一九〇ドルだった。これで念願のラクダが手に入った。名前は何としようと考えたとき、すぐサーハビーのことが頭に浮かんだ。

「そうだ、お前の名前もサーハビーとする。ただし、サーハビー二世だ」

サーハビーで果たせなかった旅の残り四〇〇〇キロを、この二世で成功させることが「わが友」への鎮魂供養になると思った。この日は五月八日。少しここで調教したあと十一日にここを発ちメナカへ向かった。

メナカからすぐラゴスの長沼支局長と日本へ手紙を書いた。

「カノー、ニアメーと順調に旅は進み、ニアメーの北、一四二キロの村で木曜日マーケットがあり、サーハビー二世を一九〇ドルで買いました。十一日そこを出発、一八〇キロほど北のメナカへ、十一カ月ぶりにもどってきたところです（昨日です）。この感激、お察し下さい。

マリのビザはありませんでしたが、警察のチーフなどを知っていたので、司令官に頼み、ここより北へ二〇〇キロ、そして東へ行く許可を取り、今日の夕刻四時に出発し、三日の旅のすえに、以前ラクダで着いた最後の町〈井戸〉へ行きます。

現在は郵便局のオフィサーの所にいますが、雨季前で蚊が多く、少し雨でも降ると昨年生んだ蚊の卵がかえるのです。

眠くてたまらない。昼は暑く、以前から僕を知っているガキどもが集まってワイワイ騒ぐし、夜は蚊のため眠れない。お手あげです。

ここまで四泊五日の旅。朝五時半から十時頃までゆっくりとサーハビー二世に乗って進み、白昼は四時頃まで木陰で休息。また四時から、ときには真夜中の十二時まで進みました。サーハビー二世には、これから四〇〇〇キロ歩いてもらうのでゆっくり歩かせ、大事にします。いすれまた。他の日本人によろしく。ラクダより、朝九時」（五月十六日付）

皆、僕が元気で旅を再開したことを喜んでくれるだろう。次の目指す目標はアガデェス。途中でサーハビーの頭蓋骨を拾い、トアレグ族のテントに長期滞在し、二カ月ほどかけて旅をし、雨季の終わった頃アガデェスに到着する予定だ。そこから本格的なフェニックス作戦のスタートだ。しばらくの間、手紙を書けないのでママにも昨日、手紙を書いておいた。ママへの手紙とラゴスあての手紙を投函して、さあ、出発だ。

「メナカから北へ一五〇キロほど行き、サーハビーの頭蓋骨を拾い、次の大きな町から日本へ送ります。

今回、買ったラクダの名前は、前と同じくサーハビー（二世）。以前のと比べると若く、気性が荒っぽく、買った当初はすごく手こずりました。変なクセがあり、夜など木の影を恐ろしがり、動かなくなることもある。かと思うと、驚いて急に走り出して、頭からふり落とされたこともしばしば。油断ならないラクダです。今は多少なれました。

今、メナカは日中五十度をこす猛暑。昼はとても歩けません。夜進み、ラクダの疲労を少なくするほかありません。それでも調子よく一日に四〇キロは進めるようです。何しろ、四〇〇〇キロ以上も歩いてもらうのですから、僕の命をあずけた神さまです。

ラゴスでうまい物を食べていたせいか、現地食にまだなじまず、食欲がなく、水ばかり飲んでいます。アガデェスまであと二カ月の辛抱です。

日本へは年内に帰れるならばいいと思っています。紅海のポート・スーダンに着けましたら、再びパリへ行き、そこでサハラに関する本を買って、日本に帰る予定です。では、出発です。成功を祈っていて下さい。七五・五・十五・メナカにて。

タカシ」

サハラ砂漠に燃えつきた愛と死

五月二十四日、東京、世田谷区八幡山に住む隆の母親、上温湯幸子さんは一通のエアメールを受け取った。その手紙は英文で隆にあてたものである。

「親愛なるタカシ

君はもう今は家に帰って、日本での生活を楽しんでいることと思う。この前、ニジェールで会って以後、楽しい旅をして無事に帰宅したことを望んでいる。ぼくは一月末までニジェールに滞在していたが、その後モーリシャス（インド洋の島で君はまだ行ったことはないはずだ）へ行って、ここから四〇〇マイルほど北にある小さな島で、ヘリコプター基地を建設するために、二カ月間仕事をした。モーリシャスにはもう四カ月いるので、ぼくは本当にあきてしまった。今はここを離れようと思っている。

この前会ったときに話したように、ぼくは二カ月ほど東洋で過ごそうと思っている。二週間は日本に滞在したい。六月の上旬あたりに君に会えるだろうと考えている。

君の友、ジェリー・ボスウェル」

幸子さんは知らないが、ジェリーはニジェールのテクアコの石油基地で隆が世話になったアメリカ人であった。

息子とこのアメリカ人のいきさつは知らないが、幸子さんはこの手紙を受け取ったことで、やがて間もなく息子も帰国してくる、その日が一日も早いことを願った。アフリカの地図を広げた。ラゴスがある。幸子さんは息子がラゴスを去ったことまでは手紙で知っている。しかし、その後の軌跡を記した手紙がまだ届いていないので、隆が今、どこでどうしているか、それは想像するほかはない。すべて息子の行動を信じる以外にはなかった。幸子さんの広げた地図の中でさえ、サハラ砂漠は途方もなく大きい。今頃、どこをさまよっているのか、ジェリーの手紙を受け取ったことで、幸子さんは想像力が刺激された。息子の帰りが、待ち遠しかった。この分では隆も間もなく帰国する。元気な顔でラクダに乗っている姿が目に浮かんだ。（あの子はいつも不意に連絡もなしに帰ってきては私を驚かせるのだから）

幸子さんは、この前の旅のことを思い出して微笑した。

六月七日早朝三時五十八分、外務省へセネガルから緊急の公電が届いた。

「第111号　平　至急〈優先処理〉

六日マリ外務省より当地大使館を通じ、さる五月二十九日マリ国北部の砂漠において、在ナイジェリア大使館発行の旅券（一九七二年八月十六日発行第９００５１

71号の由）を所持する日本人（一九五二年十一月二十九日生まれ）が渇死（Décès par Suite Soif）し、遺体保存が不可能なため、マリ当局によりメナカ（Menaka Région de Gao）に埋葬された旨連絡を寄越した。同人の氏名、テレックスのくずれが多く不明につき、マリ外務省に照会すると共に、在ナイジェリア大使館に対しても旅券事項の詳細につき調査中。とりあえず。了。

外務大臣殿　荒木大使」

幸子さんは、その日、外務省から電話を受けた。パスポートやその状況から「お宅のご子息だと思われる」と、外務省の役人は言った。一瞬、電流が体中を駆けぬけたような衝撃を受けた。夫はいま香港に行っていない。一人、その電話の内容を受けとめるには、ショックはあまりにも大きすぎた。信じられなかった。

（隆が死ぬなんて、まさか！　しかも渇死だなんて、砂漠の旅になれた隆がそんな不用意なことで死ぬわけがない）

そう思うことで、電話の内容を否定した。仮りに、パスポートが隆のものだとしても、誰かがパスポートを盗み、その男が渇死したのではないか、そうも考えられた。

六月十日、夜十時五十五分、外務省へ荒木大使からまた公電が入った。

「第114号　平　至急〈優先処理〉

往電第111号に関し

1、本件、死亡日本人につき、その後判明せる身元関係次の通り。

(1)氏名　カミオニユ　タカシ

(2)本邦連絡先　東京都世たがや区はちまんやま3—37（2—402）カミオニ、ユ・サチコ（はは）

2、目下、マリ国外務省に対し、死亡時の状況及び死亡に至った経緯等の概要につき照会中。了」

その公電も外務省から幸子さんのもとへ転送された。外務省では「ご子息に間違いない」と断定した。六月十三日、「死亡確定」という正式な連絡が外務省から届いた。

続いて、七月九日、幸子さんは六月二十八日にガオから投函された手紙を手にした。送り主はハチミ・イエヤ・トウーレという教師で隆の知人だという。

「非常に不本意なことですが、私はあなたにあなたのご子息の死をお報せします。

何度となく思案した結果、この手紙を出す決意をしたのです。

メナカで彼〈ご子息〉はモーリタニアで買ったラクダを捜しに出発しました。彼はわれわれと別れる前に写真のネガを出し、われわれにそれを郵送するように頼みました。このネガによって、あなたはご子息の足どりがお分かりになるでしょう。

われわれがご子息の遺体を受けとるのは本当に非常な苦しみでした。ご子息は安らかに永眠されています」

こうしたことがフランス語で書かれ、末尾に住所がちゃんと記してあった。

ネガを現像すると、ラクダに乗って元気に笑っている隆の姿が出てきた。砂漠の砂丘やオアシスで現地人たちと撮った写真や村の風俗写真、いずれもニッコリ笑っている。黒いターバンを頭にかぶった隆の写真もある。この元気な姿がもうこの世の人ではない、などと誰が考えられるだろう。

しかし、幸子さんの必死の否定にもかかわらず、事態は最悪のかたちで刻々と新しい報告が外務省へ届けられてきた。

七月十九日、夜八時四分、外務省へ荒木大使から入った公電。

「第135号　平　至急

貴電第８６号に関し

本件については、マリ国外務省に対し、六月十日テレックスを以って、本人の『死亡証明書』の発行を依頼すると共に、

⑴同人の死亡より発見に至った状況の詳細

⑵遺留品の有無及びその内容、保管状況

⑶遺体の火葬及び遺骨の移送の可能性

等につき照会し、更に、七月三日同主旨の督促のテレックスを発出し、重ねて在当地マリ大使館に対しても、本国外務省に協力要請を連絡依頼する等できる限りの努力をはらっているが、現在まで同外務省より何らかの回答も得られていない。

当地とマリとの間の通信状況がきわめて不良な上に、首都バマコより邦人の遭難地メナカ（Menaka–Gao 地区）まで、遠距離であるので連絡が困難なため、正確な情報の把握が遅延しておるものと思われる。

当館としても、本件邦人の死亡状況等の確認につき可能な限りの手段をもって対策にあたっているが、何分にも当該遭難地が遠距離な上に、交通が極度に不便な地方であり、また、目下同国は雨季にあたり、日中の気温が四十度を越える極暑の時

期にあるのみならず、悪性の伝染病のおそれもある等、館員を安易に現地に派遣することもならず情報の収集にまったく苦慮しおる状況である。以上とりあえず。ナイジェリアに転電願いたい。了。

外務大臣殿　荒木大使」

外務省の話では、遺体の持ち出しも絶望的だという。同地区は今、日陰でも気温五十度という熱砂の海。遭難地点にヘリコプターで接近できればとマリ航空に打診したところ、熱風と乱気流で危険だと拒絶された。下手に現地に向かえば二重遭難の恐れもあり、いずれにしてもかなり大掛かりな部隊編成が必要だ、と幸子さんは聞かされた。

しかし、隆が死んだという証拠はパスポートだけ、幸子さんにはどうしてもそれが息子の死であると信じることができない。折りも折り、隆がメナカから発信した五月十五日記載、十六日投函の手紙が幸子さんのもとに届いた。その手紙には元気に旅を再開したことが書いてあるではないか。

十六日に出発して一カ月もしない二十九日にすぐ近くで渇死するなんて、幸子さんの胸に疑惑が次々とわいてきた。

果たしてマリ外務省が言うように、隆は本当に砂漠の中で水不足から渇死したのか、信じられない。死の二週間前に書いたこの手紙には、元気そのもので二カ月後の旅まで綿密に計算している。そのうえ隆はそれまで少なくとも三〇〇〇キロ、サハラを横断してきた経験がある。しかもラクダ旅行を再開して間もなくだから、メナカ市で準備した食糧や水もまだあるはずだ。どうみても不自然に思えた。

（隆は誰かに襲われ、パスポートを盗まれたのではないか。旅行を再開したばかりで、荷物のほか多少の現金ももっていただろう。その襲った人間が砂漠に出て、経験不足から渇死したのではないか。これはきっと誤報だ。隆はどこかで生きている！）

どうしても、幸子さんの結論はそこにたどりつく。隆の遺体は仮土葬してあるというが、ラクダはどうしたのだろう。所持品や日記の類は、それに全然ふれていないのにも気になった。幸子さんは外務省のみならず、『時事通信社』にも依頼して、独自の調査を要請した。その結果をみるまでは、隆が永眠しているなどは、とても信じられなかった。信じたくなかった。

九月十二日。外務省から公文書〈原文はフランス語〉が転送されてきた。マリ国外務省から日本の外務省へ送られてきたものである。幸子さんはむさぼり読んだ。

死体発見に関する司法調書

マリ共和国　国家憲兵隊
ガオ方面隊　メナカ地区隊
一九七五年六月三日

マリ共和国メナカ憲兵地区隊に勤務するわれわれ下記の者〈班長サムバ・ディアキテ、アブドウラエ・アグ・ズダ、ファギムバ・トラドーレ〉は、刑事訴訟法二九条、三三条、八五条に基づき、上司の命に従って所定の行動をとり実行した次の措置を報告します。

前書

七五年六月一日午前八時三十分、わが隊の兵営にいたわれわれは、中央地区首長・サークル司令官代理より次の知らせを受けた。

一人の旅行者の死体がメナカ・サークル、中央地区、ウアリトウフールート地区で最近発見された。死体は七五年五月二十九日遊牧民たちによって発見され、渇きのために死んだものと推定されている。

検証および保存処置

これらの情報について司法当局には予め報告をすませた。

出発前、ＲＡＣ一二八／二号、七五年六月一日付により、ガオ方面憲兵隊司令官には報告した。七五年六月二日午後八時、地区の医師主任を同伴して、われわれはその場所に運ぶ機動車に乗ってメナカを出発した。

九時三十分、インゲルジガールと呼ばれている場所に到着した。そこはメナカの東方約一三二キロ、ウアリトウフールートの北西へ五キロ、タカスガザ丘の南方約二キロのところに位置していた。人家のない場所で、砂丘に囲まれた小さな平地をなしている。

われわれは、唯一本しかない小さな灌木の東側三メートルのところに、新しい死に場所があるのを見た。その小さな灌木の下には、陽光をさえぎるために、木の枝と乾いたワラでつくった二つの場所がはっきりと見えた。

その場所は、一人の人間がそこに数時間、疲れ切って身を横たえたにちがいないことを示していた。

その場所で発見されたものは次の通り。

赤っぽい色の綾織布でつくられた中位の大きさのブーブー一着。羅針盤一個。腕時計一個。丸形の一リットル半入りの水筒一個。眼鏡（修理されている）一対。青色のゴム製の使い古した靴一対。七二年八月十六日ナイジェリア日本大使館発行、ナンバー九〇〇五一七一号のパスポートが入った布の小袋一個。検疫手帳一冊。当人の写真二葉。

その場所で見つかった物を検証したのち、われわれは、その犠牲者がこの界隈で知られていた人間と同一人であることを認めた。

それからわれわれは故人の埋葬の手続きをとった。死場所を出発するとき、彼はアメリカ・スタイルの青いパンタロンをはいていたが、上半身は黒いターバンに包まれていた。

これらの措置がすべて済んだのち、死骸はメナカへ送られ、柩に入れて保管され、今後の指示を待つようになっている。

犠牲者の情報
姓名＝上温湯隆　国籍＝日本　一九五二年十一月二十九日鹿児島生まれ。住所＝

東京・世田谷・八幡山。本人名義のパスポート＝ナイジェリア日本大使館、一九七二年八月十六日発行、ナンバー九〇〇五一七一。

ここまで読んで幸子さんは目がクラクラッとした。頭をハンマーで思いきり叩かれたような衝撃を受けた。体中に戦慄が走った。その報告書には、最初に死体を発見した人間の証言も記載されていた。

調書

われわれは次の証言を記載した。

アブドウラエ・アグ・エルベイデック

四十歳くらい。メナカ・サークルのイネカールに一九三五年ごろ生まれた。チダルメーネの登録によると、イネカールの遊牧地内の部族の飼育者であり、前科はない。彼の証言は次の通りである。

「日ははっきりしませんが、イネカールで物資を無料配給することを知りました。イネカールに行ったとき雨に会い、五月二十三日だったことを思い出しました。翌日キャンプに戻ったところ、私の牝ラクダ数頭と子ラクダと牡ラクダ一頭がいなくなっているのを知りました。

すぐに探しに出かけ、途中チカサイネで牝ラクダ一頭と子ラクダ一頭を見つけました。ずっと捜査を続け、イムシャガドに来て、残りの迷子の動物たちを見つけました。それは牡ラクダ一頭と二番目の牝ラクダと子ラクダとロバだったと思います。

シデイゴ・アグ・アムードのキャンプへの帰り道、アムードの子供ソガ・アグ・シデイコとウスレタネ・アグ・アラブも迷子の動物探しに加わりました。その日に通ったイナガバッドまでの道をいっしょにいました。夕方の五時ごろ、インゲリガール地区に着いて、一人の人間が小さな灌木の下に寝ているのを見ました。それはタスキットという私の妹（実は親戚の娘）だと思っていたので、好奇心にかられて近づきました。

近くに寄って見ると、それは一人の白人で、死んでいるのに気がつきました。彼は枯れ枝の上に頭をのせ、そばにはいろいろな物を入れた小さな布袋がありました。

彼のブーブーは小さな灌木の東側にありました。彼はパンタロンをはいているだけで、上半身は裸でした。

私は彼の体にブーブーをかけてやりました。彼のターバンで旗をつくり、ジャッカルやハゲタカが彼の遺体を食べに来ないようにしました。それから私は、カル・エスーク地区の長ハダスのキャンプに行き、遺体を発見したことを報告しました。翌朝ハダスは、遺体を埋葬しに行くため何人かの人を呼び集めました。

SIR　死体発見当時、私はソガとドウルシターネの集団に属していました。

SIR　私は遺体のそばに次の物を見つけたことを再確認します。いろんな物の入った小さな布袋一個、空っぽの小さな水筒一個、ブーブー一枚、ターバン一枚、使い古しのゴム製靴一対、ラクダを引くためのくつわ綱一本。

SIR　死体には何ら暴行の跡を認めませんでした。その場所にはそのほか何の跡もなく、ラクダの足跡もありませんでした。

SIR　私の考えでは、彼は渇きで死んだのではないかと思います。

SIR　これ以上申し上げることはありません。証言には間違いありません。サインできませんので調書に拇印を押します」

ハダス・アグ・スレイマネ

五十二歳くらい。アマガラライエ（ウアリトウフールート）に一九二三年ごろ生まれた。カル・エスーク（イネカール）区長。彼は次のように証言した。

「今日〈六月二日〉から五日前になりますか。夕暮時に遊牧民のアブドウラエ・アグ・エルベイデックがやってきて、アラブ人らしい死体を発見したと知らせてきました。

しかし、そこで発見された物にはフランス文字が書かれているというのです。死体のある場所へ行く前に、私はアラルニッサ・アグ・インタボリットという者をイネカールへやりました。騎兵隊のラベ・アーメドに死体を発見したこと、その男はイネカールを通った若いヨーロッパ人に似ていることを報告するためでした。

それから私どもは死体を発見した場所へ行くことになりました。着いて見ると、彼が例のヨーロッパ人であることがわかりました。埋葬の処置にとりかかる前に、私は死体の検査をいたしました。彼は右のポケットに腕時計を一個、左のポケットに一枚の紙きれと一かたまりの砂糖を入れておりました。

彼が寝ていた小さな灌木のそばには、修理をした一対の眼鏡と羅針盤一個がありました。これらの検査を済ましたあと、私どもは埋葬の準備として死体を彼のターバンで包みました。

ＳＩＲ　発見されたものは次の通りです。羅針盤一個、腕時計一個、青色をしたゴム製の靴一対、留金でとじた九枚の紙（銀行小切手）、一〇〇ドル紙幣二枚、五〇〇フラン紙幣一枚、小さな水筒一個、ブーブー一枚、ラクダのくつわ綱一本、当人およびその他のものの写真。

ＳＩＲ　私は彼が渇きのために死んだものと信じています。彼の体は乾いていましたから。

ＳＩＲ　これ以上申し上げることはありません。証言に間違いありません。サインできませんので調書に拇印を押します」

モハメド・ベン・チエイク

四十歳くらい。キダル・サークルのチメトリナで一九三五年ごろ生まれた。メナカ駐在（イネカール分署付）騎兵一一六連隊守備班長。彼は次のように証言した。

「五月三十日午後七時頃だったことを正確に覚えています。われわれの隊長ビガに呼ばれ、彼が、ハダスからの使いの者の知らせによってウアリトウフールートの西部地区でヨーロッパ人の死体が発見されたことを知った旨、告げました。

そこで、私はその場所へ行くために、二隊の騎兵隊を編成することにしました。

出発してハダスのキャンプに着きました。彼はその死体が若いヨーロッパ人であり、イネカールを最近通った者であると、われわれに言いました。

それから彼は、死体のところで発見した物を私に示しました。腕時計一個、羅針盤一個、修理した眼鏡一対、青いゴム製靴一対、ラクダのくつわ綱一本、小さな水筒一個、ブーブー一枚、銀行小切手九枚、一〇〇ドル紙幣二枚、五〇〇フラン（約三万七四三五円）紙幣一枚、ラクダの購入証明書一枚、自分の写真二葉。

これらの報告を受けたのち、私のグループの仲間は発見場所に向かいました。

到着後私はグループを二つに分け、第一隊には、死者の歩いてきた方向の足跡調査をする使命を与え、第二隊にはラクダの足跡を調査する使命を与えました。

二つのグループの報告を聞き、第二グループの経過報告から、次のことがわかりました。死体発見場所からそれほど離れていないタカスガザの丘の上に一人の人間の足跡を認めたこと、丘の上を行ったり来たりしていることから考えると、誰かが失せ物を探しまわったか、目標点を探したと思われることです。

私どもの捜査過程では、彼が乗っていた動物の足跡は、そのあたりにはまったく見当たりませんでした。

SIR　私どもはラクダの足跡を発見できませんでした。なぜならば、ここ数日間、強い風が吹いていたからです。

SIR　故人は、十日ほど前イネカールを発ちました。タハバナト（ラザウアデ）へ行くつもりでした。彼の死体を発見することになるとは、まったく意外なことでした。

SIR　私が申し上げることはこれですべてです。証言に間違いありません。調書にサインします」

覚書

故人は一九七五年五月十五日、ナイジェリアからメナカに到着したことを記しておく。彼の目的は、一九七二年ナイジェリアに向かったとき、ウアリトウフールート地区で死んだ彼のラクダの頭蓋骨を探すことにあった。

彼は一九七五年五月十七日、上述の頭蓋骨を探し求めてメナカを出発した。七五年六月一日、上記地区において一人の旅行者の死体が発見された旨、報告があった。

さらに、然るべき資格者による判定要求（七五年六月二～三日、ナンバー一一三

○）がわれわれの配慮によってなされ、上温湯隆氏の死因ならびに死の事情を決定するために、メナカの主任医師に提出された。
なお死体解剖に関する医師の証明書は、現在の結審時点までに到着していない。将来に申し送る事項となろう。

遺留品

羅針盤一個、腕時計一個、青色のゴム製靴一対、銀行小切手（東京）九枚、一〇〇ドル紙幣二枚、五〇〇フラン紙幣一枚、一リットル半入り小水筒一個、赤っぽい綾織布でつくられた中位の大きさのブーブー一枚、ラクダのくつわ綱一本、当人の写真二葉、ナイジェリア日本大使館七二年八月十六日の発行ナンバー九〇〇五一七一号パスポート一枚、修理した眼鏡一対、検疫手帳一冊、銀の腕輪一個、ラクダの購入証明書一枚、布製小袋一個。

上述の遺留品はすべてメナカの憲兵地区隊に保管され、今後の指示を待つようになっている。

――以上で審理は終わる。

――写本九通の送り先次の通り。

第一写本メナカ司法機関、第二写本メナカ・サークル司令官、第三～第八写本ガオ第六憲兵隊副司令官、第九写本保存用。

一九七五年六月三日メナカで作成。

さらにこの報告書には医師の診断書も一通添えられてあった。

診断書

マリ共和国　ガオ地区
メナカ・サークル
メナカ保健所　No.31／CSW

後に署名いたします私ことハリドウー・ガリコはメナカ保健所主任であり、上温湯隆の遺体解剖執行のため、メナカ・サークル副長官の委嘱を受けた者である。

隆の遺体は七五年六月二日ウアリトウフールート（タカスガザ）地区に埋葬された。遺体は頭部から腹部にかけ黒いターバンで包まれ、残余の部分はパンタロンを着けていた。

漿液の流れが見られ、顔面のリンネルを汚していた。これは、一九七五年六月三日遺体がメナカに運ばれてきた（約一二〇キロメートル）ときに見られていたものと同じである。

解剖は七五年六月六日に行われた。

四肢の弛緩は始まっていた。（口、鼻、目の）筋肉と毛髪は触れると剝離した。遺体のその他の部分はほぼその固さを保っていたが、色は黒ずみ、外傷は全然なかった。しかし猛烈な悪臭を放っていた。

頭蓋骨、脊椎、四肢、内臓諸器官（肝臓、心臓、肺臓、腎臓）には何らかの異常は認められなかった。

固形を保っていた胃および腸はほとんど何らの内容物を含んでおらず、空気で満たされていた。膀胱も同様に空であった。

上温湯隆は以上の結果からして、渇きと飢えの犠牲になり、居住地区から約二〇キロ離れたところで死んだのである。

以上の証拠により、本証明書は法のために役立ち、価値あるものとして発行された。

メナカ、一九七五年六月五日

主任医師　ハリドウー・ガリコ

幸子さんの体が大きく崩れ、嗚咽《おえつ》がもれた。誰もいない部屋でそれは号泣となった。とめどもなく涙が流れた。あの子が死んだ、この報告書を読むかぎり、それはもう疑いのない事実だった。外務省の公電だけでは信じきれなかった隆の死が、絶望的な事実となっていま目の前にある。サハラにとり憑かれ、サハラに賭けたあの子は、サハラで死んでいった。幸子さんには地の果てとしか思えぬアフリカの熱砂の上で、息子は命を落とした。

隆は無念だったろう、と幸子さんは、旅の半ばで不慮の死を遂げざるをえなかったわが子がふびんで、またしても涙があふれた。

涙の涸れたあとで、胸にわきあがるのは黒い疑惑である。医師の解剖の所見も死因は「渇きと飢え」だという。渇死したとはどうしても思えない。隆から送られてきた日記や「サハラ砂漠横断企画書」の中にも、砂漠で水が命の次に大切だということが何度も書かれていた。

「水は出発時にできるだけ多く積む。水の飲みすぎは死の危険へとつながるので、最大の自制心が必要。一日二リットルとして夕方、夜、朝の食事にそれぞれ三〇〇CC、残りはコップに少量ずつ唇をうるおす程度とする」

こう肝に銘じていたはずではなかったか。

それなのに水筒は空っぽ。隆は死を覚悟したように座して死を待った。ラクダに荷物も大きな水筒も積んでいたのだろう、そう思うしかなかった。

そういえば、報告書ではラクダのことが簡単にしか出てこない。メナカ駐在騎兵一一六連隊守備班長の証言の中に「第二隊にはラクダの足跡を調査する使命を与えた」というくだりと、「ラクダの足跡を発見できませんでした」という一行があるだけだ。隆の親しいラクダはどうしたのだろう。逃げられたのか、幸子さんはそこまで推理したとき、メナカから最後に送られてきた手紙をふと思い出した。その手紙にはこうあったはずだ。

「以前のと比べると若く、気性が荒っぽく、買った当初はすごく手こずりました。変なクセがあり、夜など木の影を恐ろしがり、動かなくなることもある。かと思うと、驚いて急に走り出して、頭からふり落とされたこともしばしば。油断ならないラクダです」

隆が死んでいたのは灌木の下。サーハビー二世が何かに驚き、隆をふり落として、逃げてしまったのか。だから、報告書にもこう記載されているのかもしれない。

「死体発見場所からそれほど離れていないタカスガザの丘の上に一人の人間の足跡を認めたこと、丘の上を行ったり来たりしていることから考えると、誰かが失せ物を探しまわったか、目標点を探したと思われることです」

隆はラクダに逃げられ、必死になって探しまわったが、とうとう発見できなかったのかもしれない。その情景が幸子さんの目のなかに浮かんだ。荷物も水も積んだラクダに突然逃げられ、砂漠でただ一人、途方にくれている隆……その姿が哀れで悲しかった。

幸子さんは何度も何度も報告書を読んだ。文中「SIR」とあるのは、たぶん質疑応答の「答え」を意味する略語でもあるのだろう。それはわかる。しかし、幸子さんはふと日付が合わないのではないか、という疑問に突き当った。

死体を発見した目撃者の証言の中で、第一の目撃者アブドウラエ・アグ・エルベイデックは、イネカールに行ったのは「五月二十三日」、その翌日、つまり二十四日に隆の死体を発見したと言っている。ところが、憲兵隊の司法調書では「五月二十九日遊牧民たちによって発見され、渇きのために死んだものと推定」とある。この誤差は何か重大な事実がその背後にあるのか、それとも目撃者の単なる記憶違いなのか。

死んだことは事実だとしても、渇死ではなく事故死ではないのか。隆が遊牧民に襲われている姿が浮かび、幸子さんはあわててその幻影を消した。疑えば疑惑はさらに大きくなり、自分の胸が苦しくなった。

九月二十三日。最初にガオから隆の死を告げてきたハチミ・イエヤ・トウーレから再び手紙が届いた。もっと詳しく状況を知らせてほしいと書いて送った手紙の返信だった。

一九七五年八月二十三日　ガオにて

敬愛する奥様

十五日付の手紙拝受、内容は十分了解いたしました。さて、奥様はご子息が安息されている場所をお尋ねになりましたね。それは偶然の一致なのですが、私は教師をしておりまして、私が教えております町メナカに、ご子息は埋葬されております。ご子息はイネカールとメナカの中間点で亡くなられました。

イネカールの人びとが遺体を発見した後、憲兵隊が遺体を引き取りに行きました。けれども、隆の日記類やカメラ、日用品などのすべては、逃げたラクダに乗せられたままです。憲兵隊もラクダを見つけることはできませんでした。

今後も私は入手した情報をできるだけ奥様にお知らせするようにいたしますが、慎重にやらなくてはならないので、憲兵隊には、ご子息の遺体のところで発見された品物を奥様が当然請求する権利があるということを、私から申し出ることはできません。また手紙を憲兵隊に見せることもできないと思います。

そうすれば、彼らはいろいろ尋問するでしょうし、私が東京の秘密機関と関係していると信ずるでしょう。でも奥様ご自身がいつかメナカへお見えになるならば、すべてははっきりすることになります。

奥様がメナカへいらっしゃる折には、あらかじめ私にご通知ください。前もって注意申し上げますが、当地を旅行するにふさわしい時期は二月、十二月、一月、十月、十一月（の順）です。

神様があなたのご子息をお譲り下さいますように。奥様が私の誠意をお汲みとり下さいますように。

私自身も品物や失せたラクダを探してみます。そのためには経験を積んだ捜索者と長い捜査期間が必要です。でもその仕事が進むにつれてわかる状況は奥様にお知らせします。

お金と時間がかかりますが、あなたのいらっしゃる前に、何らかの情報が得られるかもしれません。ご出発の時までに、お知らせできるといいのですが……。

捜査とその方法を準備する関係上、九月三十日までにご返事をいただきたいと存じます。

心からの親愛の念をこめて
マリ共和国憲兵隊の調書ならびに医師の検死書をすでに入手したあとの手紙だけに、なんら新しい事実は発見できなかったが、ただラクダが逃げたことだけは明らかになった。

しかし、ここでも不思議なのは、日付の誤差である。手紙の日付は八月二十三日となっているのに、ガオのスタンプは三十日であり、さらにマリの一つのスタンプは九月十五日となっている。文中、九月三十日までに返事をもらいたいと書いてあるので、この遅延は不思議である。憲兵隊を恐れている様子がありありとわかるが、検閲があるのだろうか。

隆は死んだ。サハラの旅で息子と長い間、生死をともにした遺留品は何一つ母親のもとへ帰ってこない。二十二歳の短い青春をサハラ砂漠で燃えつきさした隆が、その死の最期のときに飲もうとした一滴の水。熱砂の中でその一滴の水すらなく、乾いた砂漠の太陽と砂に灼かれ、隆は命を閉じた。

太陽をさえぎるものを求め、灌木の下で眠るようにして息子は死んでいた。熱砂の上をはいつくばってでも生きたかったろうに、いざ死を覚悟したとき、息子はとり乱さず、横たわり、渇きと飢えに耐えながら、その絶望に耐え、そして最後の息を引きとった。

その姿を思い浮かべたとき、幸子さんはハッと胸の奥を突かれた。

(そうだ、隆は潔よく死んだのだ!)

幼いときから、幸子さんは隆に何度も言ってきかせた。

「人間は死に際が肝心。その人の価値は最期の瞬間にわかるのです。どうせ死ぬとわかったら、醜い死にざまはやめなさい。昔の武士らしく信念に生き、どうせ散る命なら、桜の花のように散りなさい」

三島由紀夫の切腹を見事な男の最後だと言ったこともある。隆は死の間際、私の言葉を思い出して従容《しょうよう》と砂漠の中で一人死んでいったのではないか、そう思ったとたん、もう幸子さんの目から涙がとまらなかった。

「立派な男らしい最期だったよ、隆」

そう、わが子を抱きしめて誉めてやりたかった。

いろいろなことが去来した。

隆が高校を中退したとき、「旅行は大学に入ってからでも十分間に合うでしょ」と、幸子さんは反対した。

しかし、「今やっておかないときっと後悔する。大学なんかに入ると、かえって自分に甘えができて大きな人間になれない」と強引に押し切って、自分の筋を通し、隆は海外へ飛び出していった。

若者だというのに、恋人らしい恋人もいず、ただひたすら青春をサハラに賭けて、そのサハラの地の果てで命を閉じた。人は無謀だと言うだろう。美化して、人に誇れる青春ではない、と幸子さんも思う。しかし、自分の信念に生き全青春を、サハラ砂漠横断という前人未到の旅に燃焼させた息子の心を理解してあげよう、と思った。

なにが、あの子をサハラに駆りたてたのか。

遊牧民の生活は貧しく、ある五人家族のテントにはヤギが六頭。一頭三〇〇〇円として一万八〇〇〇円。これが全財産で、サハラの中間段階はこんなものだと、隆は話したことがある。干ばつで家畜を失い、一頭のヤギももたない遊牧民もいて、飢饉のため食糧はなく、塩をなめて辛うじて生きている砂漠の民もある。各国から食糧援助が続けられ、輸送されてきた麻袋にはアメリカ、フランス、ドイツ、オランダ……と各国の名前があるのに、日本からの援助物資はない。

「日本は何も援助してくれないのか？」

と、黒人の教師に言われ、サハラの国々とは関係がないとばかり、知らぬ顔をきめこんでいる日本が恥ずかしくなり、冷汗が流れたとも言った。隆の目は旅でひらかれ、そうしたサハラの遊牧民たちもむくめ、人類愛、理想愛に燃えて、国連の仕事をしようと思ったのだろう。

幸子さんは、いつか息子が愛し、そして死んでいったサハラ砂漠に自分もこの足で立ち、その砂を踏みしめてみよう。そう心につぶやいた。

隆が使っていた小部屋の壁には、今も彼が自分で書いた真っ赤な砂漠の太陽と「冷静な判断と着実な実践」という言葉がはられている。隆が母親に残したものは、その真っ赤な太陽と彼がサハラの旅の先々で書いて送ってきた日記やメモ類だけだ。どれにもサハラの太陽と砂がしみこんでいた。

ラゴスからとどけられた隆のサハラ砂漠再挑戦の言葉。幸子さんの胸には、息子の生きた声が今もひびいてくる。

「サハラよ！　今、懐しき汝の胸に、俺は戻る。……お前は、その仲間の太陽を使者とし、五十度を越す光線で、この肉体の水分を奪おうとした。あるとき、冷たい風を使い、三十分しか眠れぬ夜で、俺を包んだ。砂、砂そして砂。足を棒にさせ、砂丘で行く手をはばみ、砂嵐は目をふさいだ。行けど進めど、オアシス、井戸にたどり着けない不安、倦怠に包まれた小さなオアシス。……だが、俺は不死鳥のように、お前に何度でも、命ある限り挑む。それが貴様の魅力だ！」

文庫版あとがき

最近、サハラ砂漠を縦断する、世界一苛酷なレースといわれる「パリ〜ダカール」ラリーのことが若者たちの間で話題になっているが、それでいてサハラ砂漠の素顔はよく知られていない。

サハラ砂漠は、モーリタニア、マリ、ニジェール、チャド、スーダンの五カ国にまたがる世界一広大な砂漠で、南北に縦断するルートは鉄道をふくめて幾つかのルートがあるが、東西を横切るルートは皆無で、途切れ途切れにあるオアシスの点と点を結ぶしかない。西から東まで全長七〇〇〇キロメートル、車などとても入ることが不可能な、まだ前人未到の熱砂の海である。

この記録は、一九七四年、その人跡未踏のサハラ横断旅行に単身、しかもラクダ一頭で挑戦した日本の若者、上温湯隆青年の不屈のドキュメントである。

隆青年は、志半ばにして、マリ共和国の砂漠で二十二歳の青春を閉じたが、単身で踏破した三〇〇〇キロの旅は、当時、それだけでも驚異の大記録だった。

無限と思われる単調で危険な砂漠の旅。五十度もある猛暑。熱風。砂嵐。頭上を舞うハゲタカの群れ。その苛酷な旅の中で、隆青年は人間の極限を生き、ひたすら青春を凝視《みつ》め、人間の愛と死を凝視めた。日本の現状、公害列島を悲しみ、明日の日本を、自分を思う。

彼は砂の上やオアシス、キャンプで日記やメモを書いた。その日記は、虫メガネで見なければ判読できないくらい細かい字でびっしり書き込まれていたが、そこには二十二歳の青春の軌跡をサハラ砂漠にたどった若者の栄光と悲惨、光と影、歓喜と苦悩といったものが、素直に吐露されていた。

この記録は、それらの日記やメモ、手紙などをもとに私が構成したものだが、地名、人名は彼に従い、不明のところは英語読みにしてある。この文庫でもそれを踏襲した。

隆青年の青春と冒険を可能なかぎり再現し得たのは、母親・幸子さんの協力をはじめ、友人だった蛭川晃助氏、菊間秀卓氏、マリ共和国のハチミ・イエヤ・トゥーレ氏、当時、時事通信ラゴス支局にいた長沼節夫氏、カメラマンの丸尾顕志氏などの協力があったからである。

特に時事通信社の染谷幾雄氏には、本書を刊行する上で、また文庫化にあたって多大のご尽力をいただいた。隆青年の遺稿を世に出すために、たくさんの人たちの力が結集されている。各氏には改めて感謝の意を表したい。

本書が刊行されてから十余年がすぎたが、隆青年の魅力は、実に多くの若者たちをこの本に惹きつけた。アフリカやサハラに関心を持つ若者たちがふえたのもその一つだが、私が一九七六年に南太平洋を旅行した際も、そこで出会った、世界を一人で旅している日本の若者たちのほとんどが、この本を読んでいたことに驚かされたものである。

今でこそ年間五百万人を越す日本人が海外旅行に出掛けていくが、隆青年こそまさにコスモポリタンであり、世界中を旅することで自分の青春と生と死にチャレンジした先駆的な青年だった。彼はサハラ砂漠で燃えつきたが、その青春は、安易に批評を加えることのできない若者の真摯な情熱と苦悩をにじませている。

隆青年の遺体と遺品は、その後、偶然のことから発見され、一九八四年に日本に持ち帰られた。そのいきさつは「サハラに甦る」(『別冊小説現代』一九八五年初夏号）に詳しく書いたので、ここでは繰り返さないが、愛息の遺骨を十年ぶりに胸にした母親・幸子さんが、その二カ月半後に急逝されたのは、母子の相呼ぶ魂のなせる運命だったのだろうか。痛哭を禁じ得ない。

隆青年の魂は今なお私の中にも生きている。私はこの『サハラに死す』をまとめたことがきっかけで、「未知の領域」に挑む人間の生と死に心惹かれ、その後、『エベレストに死す』『マッキンリーに死す』（共に講談社刊）のレクイエム三部作を書くことになった。

そういう意味でも、私にとって原点となった本書の文庫化は、深い意義がある。文庫化にあたっては、講談社文庫出版局の生越孝氏にお世話になった。厚くお礼を申し上げる。

生前の隆青年には一度も会ったことはなかったが、何か人間の〝めぐり逢い〟の不思議さといったものを思わずにはいられない。

一九八七年初夏

長尾三郎

解説　ラクダ人間バイブル

長沼節夫

本書は一九七五年秋に同時出版された『サハラに賭けた青春――上温湯隆の手記』『サハラに死す――上温湯隆の一生』(時事通信社刊) の二冊のうちの後者が文庫版となったものである。

いまサハラを旅する日本人で上温湯隆の名を知らぬ人はいないだろう。隆は東京都立町田工業高校一年生だった一九七〇年、学校を中退してアルバイトで貯めた資金を持って海外旅行に出かけた。二年余りの間にアジア、中近東、欧州、アフリカなど五十数カ国をヒッチハイク旅行しており、その間サハラ砂漠縦断を三度にわたり敢行、すっかりサハラに魅せられた。

隆はいったん帰国したあと、今度は目標をラクダによる単独サハラ横断に絞って挑戦したのだった。一九七四年一月アフリカ西海岸の町から出発したが、途中三〇〇〇キロ歩いたところでラクダが死んだために一時断念。翌年五月に前年の続きのコースから再挑戦した。しかしその直後、マリ共和国メナカ地区で渇死しているのが同地住民に発見された。ときに一九七五年五月二十九日、隆二十二歳。

私は当時、ナイジェリアの時事通信社ラゴス支局に赴任しており、七四年九月、隆が再挑戦までの準備にいったんラゴス入りした際、取材相手として隆に初めて会った。やがて彼は私の支局に住み込み、支局業務まで手伝ってくれるようになった。ナイジェリアはまだビアフラ内戦による傷あとから十分立ち直ってはいなかったが、石油ショック後の原油ブームに乗って経済は活況を呈し、家族を含めて約五〇〇〇人とアフリカ各国の中でも最多の在留邦人がいた。

一方は一年中が真夏のような熱帯雨林気候の中で少々うんざりしている邦人たち、一方はそれと対照的な青春を送っている冒険青年隆。彼はたちまち邦人たちの人気者となり、「ラクダ君」と呼ばれて愛された。隆もまた外交官、銀行、商社、船会社、メーカー、漁業関係者らの家庭に次々呼ばれ、それまでの彼の人生とは別の世界の日本人も知った。

隆は再出発し、ある日、死亡確認の報が伝えられた。私は悲しみをこらえて「冒険野郎熱砂に死す、ラクダで一人サハラ横断中」というニュースを東京へ打電した。

「二頭目のラクダをやっと入手。元気で行ってきます」

という隆からの手紙が支局に届いたのは悲報からかなり経ってからのことだった。

隆の例を引くまでもなく、近代のサハラ探検史は多数の人命の犠牲の上に成り立っている。たとえば、

「(十九世紀半ばの五十年間) 出かけていった約二〇〇人のうち、一六五人が病気で死ぬか、トゥアレグ人に殺された」(『図説探検の世界史12』集英社刊)

という記述がある。もっとも白人は十五世紀以来、膨大な数の黒人を奴隷として欧州や米大陸に運んで死なせてきたのだが……。

サハラの苛酷な自然は近年でも旅人の命を奪い続けている。隆と同じ時期、世界ドライブ旅行を続けた日本女性は七四年、ニジェールのアガデスで行方不明欧州人のポスターを五枚も見ている(辰野嘉代子『砂漠への挑戦』白馬出版刊)。

そんなに危険を冒してまでなぜ今サハラなのか。隆は私と別れる前、支局に、

「サハラよ、俺は不死鳥のように、お前に何度でも、命ある限り挑む……それが貴様に対する、俺の全存在を賭けた愛と友情だ」と書き置いていった。

一九七二—七三年にラクダで挑んだ英ジャーナリストは、

「多くの人がサハラを南北に縦断したが、ラクダで横断した者は古来一人もいない。東西を結ぶのは切れ切れの塩の道があるだけだ。私が何とか初めてこの猛烈な横断をやり遂げれば、私は成功を満喫することになる」(G・ムアハウス『ザ・フィアフル・ボイド』未訳)

と書いた。彼は数頭のラクダと何人もの現地案内人を雇って挑戦したが、やはり途中で断念したという。「冒険とは可能性への信仰である」という言葉を愛した隆だが、あるいは余りに無謀な冒険だったのだろうか。

＊

本書『サハラに死す』が七〇—八〇年代に青春を送った日本人に与えた影響はまことに大きかった。同書が引き金となってサハラのとりことなり、隆と同じように「日本の遊牧民」と自称している紺野衆は一九八〇—八一年にヌアクショットからニジェールのアルリットまで単騎ラクダで三六〇〇キロという隆をしのぐ横断新記録を作った。紺野は八二年までの十年間にラクダでサハラ横断に挑んだ日本人九人(自分や隆も含む)の足跡を整理したあと、

「ラクダ人間の登場は、上温湯氏の旅以降としたい……いずれも『サハラに死す』

という一冊の本に、強烈な衝撃を受けた点でも共通している」（地平線会議編『地平線から1982』）

とまで書いている。紺野からその中の一人に数えられた飯田望（七九年当時、同志社大探検部）はある日、トアレグの民に「タカシを知っているか？」と聞かれて自分たちがメナカに近づいていることをヒシヒシと感じたし、パートナーの児島盛之（同）もメナカで、

「『サハラに賭けた青春』『サハラに死す』の二冊の書物によってはじめて上温湯隆の存在を知った。そして感動した。……どうしても同じルートを通ってメナカを越し、そして上温湯隆を越す必要を感じた」と日記に綴っている（いずれも飯田望『サハラ横断』時事通信社刊）。

その後八〇年代に入って、徒歩でまたオートバイでまたリヤカーを引いてサハラ横断を試みる若者も現れている。また単に旅を目指すだけでなく、サハラにボランティア活動に出かけたり、紺野のようにサハラの民を病から助けるために医師になろうという青年もいる。そんな人たちにも隆の青春は影を落としているかも知れない。

これら冒険青年たちの行動だけでなく、母親幸子の家には、全国各地の子供たちが、この本を読んで自分の中に勇気のわくのを感じた、という主旨の手紙が多数寄せられた。多感な青少年たちだけでない。冒険とは最も縁遠い状況に身をゆだねているサラリーマンでさえ、隆の手記にまた別の感慨を呼び起こされるだろう。

なお本書刊行後、同書に感動したという島倉千代子が『星が流れました』など二曲を隆のために歌ったこと。連続ラジオドラマも放送されたこと。さらに三船プロと北斗映画プロが二度にわたって映画化を企てたがまだ実現していないこと、一九九六年一月、読売新聞夕刊が一面で「サハラに死す」を特集したこと、そこでは私が送った「ラゴス＝時事」の記事の読売紙面も再掲されたことなども併せて記しておく。

＊

隆の遺骨は彼の死後九年経った一九八四年六月二日（現地時間）に発掘されて、同月、無言の帰国を果たした。発掘と帰国を実現させたのは静岡在住のカメラマン広木武夫だ。広木は早速現地を発って翌日、ニジェールの国際協力事業団の職員宅にたどり着いて東京の私の家に電話してきた。

それによると現地に長期滞在中のサハラ研究者・福井慶則と二人で村人の助力を得て遺骨を収容したあと、墓地跡に日本語とフランス語で「サハラにかけた青春の碑、上温湯隆、一九五二―七五年」という文字を刻んだセメント製三角錐の碑（高さ一・二メートル）を建てた。現地警察が保管していたカメラ、腕時計、パスポート、磁石など豊富な遺品も母親の委任状を示して引き取ったのだった。私も早速、記事を書いて各紙に配信された。翌一九八五年、ノンフィクション作家・長尾三郎が広木の行動を中心に「サハラに甦る」と題して『別冊小説現代』に書いた。

広木が持ち帰った隆の骨箱は一〇キロ余もある重さだった。現地でダビに付することなく全量を収集したからだった。それらは六月十九日、小さな黒い棺に入れられて新宿にほど近い火葬場に運ばれ、改めて〝普通サイズのお骨〟へと焼き直されて母の胸に抱かれて戻ってきた。同日、隆の告別式が営まれた。若者が大人たちより先に死んでいくほど理不尽で悲しいことはない。しかしあの悲報からすでに年月も経っていた。母親は「もう十分に泣きましたから、きょうは涙をみせずに楽しく隆の歓迎会をしてあげましょう」とかえって周囲の参会者に気配りしていた。

その気丈で元気な母親幸子が急死したのは、何とそれからたった二カ月半後のことだった。九月七日、上温湯宅のドアが開き内側からチェーンが掛かっているのに五日以降の新聞が玄関にたまっていることに朝刊配達の少年が気づいた。近所の人たち立ち会いでドアを破って入ってみると幸子が倒れていたという。死因は心臓破裂。四日朝、家事手伝いのパート先に体調がよくないので休むという電話を自分で掛けていたといい、同日が命日とされた。

私がアフリカから帰任後間もなく東京・上北沢に引越すとそこは偶々、上温湯家から歩いても五分程度の近くであった。それで彼女は私や家族をしばしば訪ねてくれるようになった。彼女は町内会の世話役を精一杯引き受けて日々駆け回っており、自宅は半ば集会所か談話室の観を呈していた。私はよく彼女を〝イベント屋さん〟と呼んだ。彼女も、

「隆坊もこんなところが私とそっくりだったんですよ。賑やかなことが好きで、ほら仏壇から笑いかけているみたい」

と言って座の空気を引き立てた。イベント屋といえば、わが家に訪ねて来る時もしばしば、

「やや、奥方だけでなく、殿もご在宅か。さればは暫時寄らせて頂きまするう」

と芝居口調でおどけて笑わせるのだった。

幸子は川越市内にやっと隆の墓が完成したので近く納骨に行くと言っていたが、その矢先に急死した。十月のある日、幸子の娘とその子（隆にとっては姉とめい）がそれぞれ胸に幸子と隆の二柱の遺骨をだいて川越に向かった。母と息子の遺骨が相並んで出発する光景を私も幾人かの団地の住人たちと一緒に見送った。母子はいま、川越墓園永楽院に共に眠る。隆の姉は東村山市在住。

隆の父親を初めて幸子に紹介されたとき、口元やちょっとした時の表情が父子余りによく似ているのでびっくりしたほどだ。当初、香港と東京とを往復してささやかな貿易商をやり、ゆくゆく香港で断食道場を開きたいなどと夢を語っていたが、隆の死後、次第に日本から足が遠のいていった。将来はぜひ国連職員にしたかったという息子が死んでしまい、来日の気力が消えていったのかどうか。妻幸子の葬儀にも姿をみせなかった。

私の手元には「短く生き、思いがままの長き旅路よ」と記し、夫妻連署して贈ってくれた『サハラに賭けた青春』が残っているばかりである。

＊

私にとって本書『サハラに死す』のあとがきを書くのは、一九七五年の時事通信版と八七年の講談社版に続き今回が三度目だ。前二回にふれなかったエピソードを少し書き加える。

まず、隆がラゴスからサハラへの出発を前にしてとんでもない事件に巻き込まれたというその事件である。前任者が雇い入れたナイジェリア人のベンソンという助手兼運転手で、彼は地元に精通しているので助かっていたが、前任者が病気で帰国し一年間、支局の留守番だけを仕事としているうちに悪さを覚えたらしい。ある日、「家賃を督促されているが、銀行は小切手を持っていってもわれわれナイジェリア人を信用せず、現金しか受け取らない」と言う。「じゃあ私が行く」「道路も銀行も渋滞で一日つぶれるがいいか」「それではお願いするか」と疑わず、一年分の支局家賃を現金で渡したのが失敗だった。その日は隆と日本人商社マンの奥さんや娘さんたちがビル五階の支局で速報作りを手伝ってくれていた時で、皆がわれわれとベンソンのやり取りを見ていた。速報は朝、電報局に行って東京からロンドン経由で届いたローマ字のニュースを受け取り、支局で地元ネタを加えてA4判一〇ページほどの日本語ニュースを作って夕方配達に行く。しかし、ベンソンがなかなか戻ってこないのを不安に思って全員居残り、一緒に待ってくれた。

彼は夕方やっと戻ってきた。「家賃はどうだった」と聞くと、「大渋滞。そのうち銀行が閉まってしまった。明日は早朝に出直す」と言う。交通無秩序のラゴスではあり得る話だ。「そうか、ご苦労さん。で現金は？」「階下のトランクに保管した」「それは危険だ。一旦支局で預かるので持ってきなさい」「分かりました。持ってきます」と言って降りていったがなかなか戻らない。

三十分後に上がってくると、「今晩は。お元気で」と言う。「お元気はいいけど、現金は？」と聞くと、「え、現金？　何の話ですか？」と言い出した。日本人皆が思わず、「今朝、私たちの前で隆と長沼があなたに渡したお金よ」と一斉に言った。「分からない。僕は何も預かってない」「嘘を言うことは悪いこと。あなたはクリスチャンでしょ」「勿論、純粋なクリスチャンで毎週教会に行っているよ」「だったら正直になりなさい」「何も受け取ってない。警察でもそう言うよ」という顛末だった。間もなく警官が来てベンソンを捕まえていった。

しかし予想外。ワイロがきいたらしくベンソンは三日目には留置場から出てきて、「おはよう、長沼と隆。僕の今日の仕事は？」とこともなげに言う。「君の仕事は正直に話すことだ」「だから何も悪いことはしてないったら」の水掛け論が繰り返された。やがて裁判が始まったが、実質審理にはなかなか入らない。うだるような中庭で終日待たされた揚げ句、「時間だ、また来月」とあと回しにされるのだった。隆は当初、「僕が一番の重要証人だから裁判に出る」と言って出発を延ばしていたが、裁判の遅れに痺れを切らしてラゴスを去った。

話は替わるが隆が最後に身に着けていた旅券は、ナイジェリア大使館七二年八月発行だった。しかし七二年、彼は日本にいたはず。なのになぜ？　その秘密を知るのは私だけかもしれない。ラゴス出発間際になって、隆のナイジェリア入国ビザが有効期間一カ月だったことに気づいた。それはとっくの昔に過ぎている。出国の際見つかればすぐ逮捕される。困った。大使館にその旅券を見せて窮状を訴えた。担当官は暫し考えた。急に旅券の上にインク壺が倒れた。こうなっては古い旅券は使えない。「仕方ない。今、新規に旅券を発行する」と係官は厳かに宣言した。あの時、誰がインク壺を倒したかは今、どうしても思い出せないが、おかげで隆は無事、ナイジェリアを出国した。

（元時事通信社記者）

時代を貫く冒険という文学

角幡唯介

上温湯隆の名前を初めて聞いたのは、大学を卒業した年に一緒にヨットでニューギニア島まで行った、私より二十歳ほど上のクライマーの人からだった。大学に入ってから、やれ探検だ、冒険だと威勢のいいことばかり言ってきたくせに、その方面の知識が十分だといえなかった私は、サハラで壮絶な死を遂げた大検受験生上温湯隆について、そのときまで名前を聞いたことさえなかった。上温湯隆が死亡したのは一九七五年、私が生まれたのは翌年の一九七六年、もちろん生まれるか生まれないかだった頃の私が、彼の冒険や死が当時の日本人にどのような反応をもって受け入れられたのかなど知るよしもない。しかし本書を読んだとき、自らの生を求めて旅立たなければならなかった純粋な青年の行動に、私は自分の心をのぞき見るような思いがした。

少なくても私にも彼のような気持ちで旅に出たことがあった。それをやらなければ自分の人生など価値がないと思っていたときがあった。今いる場所から自分の人生を一歩でも前進させるために、取り組まなければならない冒険があった。一度でも冒険をしたことがある人間なら、いや、一時でも冒険をしたいと願ったことがある人間なら、彼がサハラ砂漠に求めていたものが何なのか、理屈ではなく感情で理解することができるだろう。彼のことを私に教えてくれたクライマーは、半端じゃないよなあ、とつくづく驚嘆して語っていた。自分とほぼ同世代の人間が残した悲壮なまでの生の記録に、あるいはそのクライマーは激しい嫉妬を覚えるほどの感情の揺さぶられ方をしたのかもしれない。

人は誰でも人生に何かを求めている。自分の人生に特別な何かが起きると期待している。右にいる人とも、左にいる人とも違う人生。自分だけのオリジナルな、創造的な人生を築き上げたいと願っている。そうでなければ、何から何まで他者とは異なる自分という人間が、いったいなんのためにこの世に生まれてきたのか理解できないではないか。もし可能であるなら、私は自分だけの要素で自分の身体を満たして爆発させてみたい。死によって有限を宣告された人生という残酷な時間の流れのなかで、自分という人間がたしかにこの世に存在していることを自分の手で確かめてみたいのだ。それができなくて、なんのための人生だろう。

神話学者のジョーゼフ・キャンベルは『神話の力』のなかで、「人間がほんとうに求めているのは〈いま生きているという経験〉だ」と述べている。世界各国の神話には、英雄が冒険を通じて死を克服し、生の喜びを取り戻すことを叙述する、ある種の共通したフォーマットが存在するという。

人は、生の反対物としてではなく、生のひとつの相として死を受け入れたときにのみ、無条件な生の肯定を経験することができる。成りつつある生は、常に死の殻を脱ぎ捨てつつ、死の直前にある。恐怖の克服は生きる勇気を湧かせます。恐怖を克服していること、なにかを成し遂げること――これは、どんな英雄の冒険においてもまず必要な、最も重要なことです。(飛田茂雄訳)

このような英雄の冒険が各神話の共通した土台に据えられているという事実は、人類は昔から冒険の物語を定型化し、そのストーリーを通じて生きるという経験を共有してきたことを示している。英雄の冒険の物語は人間の生の根源を照らし出す、きわめて純粋な表現であり続けた。だからこそそこには、民族や文化や時代を超え、人間の感情に訴え続ける力が宿っていた。

私がここに高名な学者の文章を引用したのは、別に上温湯隆や冒険者全般の行動を英雄的であると持ち上げようという意図からではない。冒険という行為が命知らずな無謀な人間による特殊な所業なのではなく、古来よりあらゆる人間にとって、生きていることを希求するためにとられ得る象徴的な行動様式のひとつであったことを示したいために引用したのだ。人間とは本来、冒険することを希求する生き物なのである。

そして冒険をするのはいつの世も、情熱とエネルギーに満ち溢れ、まだ感受性が擦り切れていない若者の役割だった。上温湯隆の行動が私たちの、とりわけ若い人間の感情を揺さぶるのは、それが生きているという経験を荒々しいまでに粗雑につかみとろうとしていたからだ。彼は決してプロの冒険家ではなかった。その行動はスマートという言葉からほど遠いものだった。道中、常にホームレスなみに金がなく、ラクダの扱い方も素人に毛が生えた程度で、一時の空腹にまかせてついつい貴重な食料にすぐに手をつけてしまうような、基本的には私たちと変わらない若者だった。人間のいない荒野に入り込むことを素直に恐れ、検定試験を受けて大学に入学し、人間をひと回り大きくして社会の役に立つ人物になりたいという夢を語り、そして家族への抑えきれない愛情を手紙のなかに記す、そんな普通の二十そこそこの若者だったのである。しかしだからこそ、その言葉からは小賢しい計算など度外視した、何があってもやらなければならないのだという切迫した感情が伝わってくる。ほれっ、と目の前に転がされたような、露骨でむき出しの生がそこにはある。

本書を読む途中で、読者はおそらくサハラ砂漠というのが実は本質的な舞台ではなく、行きがかり上の代替可能な舞台であったことに気がつくだろう。冒険の物語とは、どこまでいっても土地の物語ではなく冒険者の物語である。上温湯隆にとってサハラ砂漠は単なる旅の途上で出会った舞台に過ぎなかった。そのたまたま行き会った舞台に、彼は自己の内面の欲求を投影し、現実以上に肥大化させ、横断という仮想の現実を作り上げることにより挑戦の対象としたのである。彼が望んでいたのはサハラ砂漠ではなく、サハラ砂漠という真の自然が与える苦難であり、その苦難を乗り越えることにより獲得される生感覚だった。生きているという感覚を体で味わうことにより、冒険者は世界と自分との距離関係をつかむことができる。地球における自分という存在の居場所が少しだけ分かるのである。それこそ、誰しも求める生きているという経験を獲得するための最も直截的なやり方なのだ。その意味で、あらゆる真の冒険がそうであるように、彼の旅はまさしく、苦難を乗り越えることで世界における自分の居場所を求めようとする巡礼の旅だった。彼が、友人サーハビーと彷徨したのは彼自身の人生という迷路であり、彼の命を焼き尽くしたのは砂漠の暑熱ではなく、彼自身の情熱だったのである。

人間がこの世に存在する限り冒険の物語は永遠に続けられる。冒険に必要なのは舞台ではなく、生きているという経験を希求する若者の情熱なのだから。たとえ地球から地図の空白部がなくなり、GPSや衛星電話が普及して便利になり、机の前にいながらにしてインターネットで世界のすべてが分かったかのような錯覚を体験できるようになったとしても、冒険をする若者がこの世からいなくなるとは私には思えない。生きているという経験を求める個人の情熱は、必ずや自然のなかに未知の舞台を見つけ出し、生と死の境界線に身体を潜り込ませ、死を自らの生のなかに取り込もうと目論むにちがいない。

だから万が一、若者が冒険をすることをやめるときがくるとしたら、それは地球から未知がなくなったときではなく、若者から情熱や探究心がなくなったときなのである。冒険を希求しない若者など、若者であることの権利のほとんどを放棄した抜け殻のような存在にすぎない。若者が冒険を放棄したとき、それは人間が生きているという経験を求めることをやめたときであり、同時に人間がその能力の一部を失って、人間であることをやめる階段を一段下りたときにほかならない。

人生は死によって有限を宣告されている。しかしだからこそ素晴らしいものに転化できる可能性を秘めている。人間はそれを自らの手でつかみ取らなくてはならない。その挑戦権を持つのは若者だけだ。上温湯隆が残したのは冒険という名の行動による文学だったのだ。

（ノンフィクション作家）

この作品は一九七五年十一月、時事通信社より刊行されたものです。
底本には講談社文庫版（一九八七年）を用いました。

サハラに死す——上温湯隆の一生

二〇一三年二月五日　初版第一刷発行
二〇二五年四月二十日　初版第七刷発行

著　者　上温湯隆
構　成　長尾三郎
発行人　川崎深雪
発行所　株式会社　山と溪谷社
郵便番号　一〇一―〇〇五一
東京都千代田区神田神保町一丁目一〇五番地
https://www.yamakei.co.jp/
■乱丁・落丁、及び内容に関するお問合せ先
山と溪谷社自動応答サービス　電話〇三―六七四四―一九〇〇
受付時間／十一時～十六時（土日、祝日を除く）
メールもご利用ください。
【乱丁・落丁】service@yamakei.co.jp　【内容】info@yamakei.co.jp
■書店・取次様からのご注文先
山と溪谷社受注センター　電話〇四八―四五八―三四五五
ファクス〇四八―四二一―〇五一三
■書店・取次様からのご注文以外のお問合せ先　eigyo@yamakei.co.jp

デザイン　岡本一宣デザイン事務所
印刷・製本　大日本印刷株式会社

定価はカバーに表示してあります

Printed in Japan　ISBN978-4-635-04750-0

ヤマケイ文庫の山の本

新編 単独行
新編 風雪のビヴァーク
ミニヤコンカ奇跡の生還
梅里雪山 十七人の友を探して
星と嵐 6つの北壁登行
山と溪谷 田部重治選集
ドキュメント 生還
タベイさん、頂上だよ
新田次郎 山の歳時記
トムラウシ山遭難はなぜ起きたのか
サハラに死す
狼は帰らず
マッターホルン北壁
単独行者《アラインゲンガー》 新・加藤文太郎伝 上／下
空へ 悪夢のエヴェレスト
ドキュメント 気象遭難
ドキュメント 滑落遭難
ドキュメント 道迷い遭難
穂高に死す
長野県警レスキュー最前線
深田久弥選集 百名山紀行 上／下
ドキュメント 雪崩遭難
ドキュメント 単独行遭難
ドキュメント 山の突然死
定本 黒部の山賊
新田次郎 続・山の歳時記
人を襲うクマ
八甲田山 消された真実
足よ手よ、僕はまた登る
穂高小屋番 レスキュー日記
侮るな東京の山 新編奥多摩山岳救助隊日誌
ひとりぼっちの日本百名山
北岳山小屋物語
十大事故から読み解く 山岳遭難の傷痕
未完の巡礼 冒険者たちへのオマージュ
岐阜県警レスキュー最前線
富山県警レスキュー最前線
アルプスと海をつなぐ栂海新道
新編 名もなき山へ 深田久弥随想選
日本百低山
41人の嵐 両俣小屋全登山者生還の一記録
大いなる山 大いなる谷
御嶽山噴火 生還者の証言 増補版
続日本百低山

ヤマケイ文庫クラシックス

冠松次郎 新編 山渓記 紀行集
上田哲農 新編 上田哲農の山
田部重治 新編 峠と高原
木暮理太郎 山の憶い出 紀行篇
尾崎喜八選集 私の心の山
石川欣一 新編 可愛い山